Tout l'art de la pêche

Les
Mouches

Sous la direction de

Nicolas Béroud

SOLAR

Dépôt légal : mars 1996
Code éditeur : SO2415
ISBN : 2-263-02415-8
Imprimé en Espagne

SOMMAIRE

Les mouches

De toutes les méthodes existantes pour prendre un poisson, très peu sont aussi efficaces que celle qui consiste à le faire avec une mouche que l'on a montée soi-même. Une mouche artificielle peut aussi bien provoquer la montée lente d'une truite méfiante que l'attaque violente d'un black-bass. Pour beaucoup de pêcheurs, monter ses mouches est tout aussi passionnant que de prendre le poisson lui-même...

Pendant des milliers d'années, les hommes ont placé sur leurs hameçons des matériaux naturels comme la laine, les poils et les plumes en les associant pour essayer d'imiter les proies habituelles des poissons.

Malgré cette longue histoire, les principes de base du montage ont peu évolué. Il s'agit toujours de réunir plusieurs éléments (cerques, corps, ailes et hackles) pour créer une imitation d'insecte. Un minimum de matériel suffit à cette réalisation. Une fois que vous aurez assimilé les bases, vous vous rendrez compte que la plupart des modèles de mouches se ressemblent et qu'ils sont faciles à monter.

Le propos de ce livre est de vous donner ces bases de montage, mais aussi de vous faire découvrir les matériaux et outils nécessaires. Tout cela avec des photos, claires et précises, des dernières nouveautés en la matière.

Le premier chapitre vous donnera un bref historique de cet "art du montage", depuis les premières descriptions jusqu'aux dernières innovations. Vous y trouverez également une présentation de la grande variété des insectes qui entrent dans le régime alimentaire des salmonidés et toutes les explications indispensables pour bien comprendre leur mode de vie et celui des autres proies aquatiques.

Le second chapitre passera en revue l'ensemble du matériel utile au montage.

Le chapitre suivant, sur les "bases du montage", aborde la description des divers éléments qui constituent une mouche artificielle. Vous y apprendrez les étapes du montage, des premiers tours avec la soie de montage sur l'hameçon aux meilleurs nœuds finals. Entre-temps, vous trouverez une multitude de techniques essentielles pour réaliser des corps, des ailes, des cerques ou des hackles.

Le dernier chapitre, sur les "différents types de mouches", vous montrera comment combiner ces éléments pour créer une mouche définitive. Vous suivrez, étape par étape, la procédure pour monter cinq types d'artificielles : streamer, nymphe, mouche sèche, noyée et mouche à brochet ou à black-bass. Après chacune de ces grandes catégories, vous pourrez découvrir, en photos, la marche à suivre pour réaliser des dizaines de mouches.

En tout, près de deux cents modèles classiques ou révolutionnaires!

Que vous débutiez ou non, ce livre vous apportera quelque chose dans la connaissance des mouches artificielles et l'art de leur montage.

Made by C.F. ORVIS, Manchester, Vt.
COPYRIGHTED.
CHAMPION SILK
Bibliotheca
ARTHUR HOWARD
EX
LIBRIS
THOMPSON

Historique

Beaucoup de mouches modernes sont fabriquées à partir de fibres artificielles.

Page ci-contre : ces mouches, vieilles de cent ans, montrent la dextérité et l'expérience des monteurs de cette époque.

Aucun autre aspect de la pêche sportive n'est aussi compartimenté, par tradition, que l'histoire du montage des mouches artificielles.

Les outils et le matériel de montage sont les réminiscences d'un temps où c'était la chasse qui fournissait les éléments (fourrure, poils et plumes des oiseaux ou du gibier).

Bien que l'on considère que l'histoire de la pêche à la mouche a débuté en 1676 avec le célèbre ouvrage d'Izaak Walton, *The Complete Angler,* l'origine réelle du montage et de la pêche avec des mouches artificielles date de plus de mille ans. Les premiers écrits répertoriés remontent au IIIe siècle, sous la plume d'un certain Aelianus qui décrivait une méthode macédonienne : "Ils n'utilisent pas de mouches ou appâts naturels car, si un homme les touche, ils perdent leur couleur ou leurs ailes et deviennent inintéressants pour le poisson. Au contraire, ils attachent de la laine cramoisie autour d'un hameçon et fixent dessus deux plumes qui poussent sur le cou des coqs, de la couleur de la poix."

Quelques centaines d'années plus tard, en 1496, une Anglaise nommée Dame Juliana Berners écrivait le populaire *Treatire of Fishing with an Angle* contenant la description d'un montage similaire à celui des Macédoniens.

Pendant les siècles qui séparèrent Aelianus de Berners, la pêche avec une mouche artificielle évolua de la simple capture d'un poisson à un véritable sport, bien que la technique restât la même.

Le véritable "boom" en matière de montage date cependant de la fin du XIXe siècle, où Européens et Américains commencèrent à imiter, avec une grande précision, insectes et larves. Dans les années 50, les poils et les plumes de certaines espèces exotiques, en voie de disparition, deviennent difficiles à obtenir. Les monteurs se tournent alors vers d'autres horizons. Dans les années 70, l'apparition de matières synthétiques comme l'Antron ou le Mylar révolutionnent l'art du montage. Des couleurs, particulièrement les fluorescentes, inexistantes dans la nature et difficilement réalisables avec des teintures, sont alors disponibles pour les dubbings, soies de montage ou ailes synthétiques.

Aujourd'hui, à l'époque des matériaux inventés par l'homme et de la haute technologie, alors que les pêcheurs recherchent aussi bien la truite que le brochet, le bonefish que le tarpon, la popularité de la pêche à la mouche et du montage ne diminue pas. Les générations, les unes après les autres, continuent à apprendre comment associer des éléments divers dans le but de leurrer le poisson.

Observer l'activité des insectes au bord de la rivière est la clef du succès. Les nuages d'insectes émergents vous indiqueront de quoi se nourrissent les poissons. Quand ils ne sont pas visibles, retourner les cailloux immergés peut vous aider à choisir la bonne nymphe.

INSECTES AQUATIQUES ET AUTRES PROIES

L'un des secrets pour monter des mouches efficaces est d'abord de bien comprendre quel est le mode alimentaire des poissons. La truite, par exemple, se nourrit activement d'insectes aquatiques, ce qui explique que les imitations, à tous les stades, de la larve à l'imago, sont efficaces. Traditionnellement, les artificielles étaient censées imiter un petit nombre d'espèces d'insectes. Aujourd'hui, il y a des modèles de mouches pour pratiquement chacun d'entre eux avec, en plus, des imitations d'alevins, de grenouilles, de crevettes d'eau douce ou de sauterelles.

La majorité des modèles tombent dans ce que l'on appelle les "modèles imitatifs", c'est-à-dire les plus proches possible de la réalité. Certains sont en revanche nommés "attractifs" parce qu'ils sont de formes ou de couleurs ne ressemblant à aucune espèce animale existante. Ils sont supposés déclencher un mécanisme d'agressivité ou de curiosité chez le poisson. Reste une dernière catégorie, celle qui consiste à imiter non pas un insecte en particulier, mais une famille en général. Ils sont très utiles lorsque l'on aborde une rivière pour la première fois.

Différents modèles de mouches : attractif (1), imitatif (2) et général (3).

La clef du succès, pour qui veut imiter les insectes, passe d'abord par l'observation. Autant que possible, il faut étudier la taille, la forme et la couleur des insectes dont les poissons se nourrissent. Beaucoup de monteurs observent également leur texture et leurs mouvements pour choisir les matériaux les plus aptes à les imiter.

Croissance des éphémères, trichoptères, moucherons et plécoptères

L'ÉVOLUTION DES ÉPHÉMÈRES comporte trois stades : nymphal, subimago et imago. À tous les stades, l'insecte possède trois cerques. Les insectes finis ont deux larges ailes et quelques espèces ont, en plus, une paire d'ailes plus petites. Les ailes du subimago sont opaques, celles de l'imago transparentes.

LES TRICHOPTÈRES n'ont pas de cerques et possèdent quatre ailes qui recouvrent le corps comme une toile de tente lorsqu'ils ne volent pas. Les stades chez les trichoptères sont : larve, pupe et insecte adulte. Chez beaucoup d'espèces, la larve fabrique un fourreau dans lequel elle vit. Les larves et les adultes ont une couleur variant du beige au marron foncé.

LES MOUCHERONS sont généralement assez petits, avec seulement deux ailes et pas de cerques. On les trouve le plus souvent dans les rivières lentes. Les moucherons, comme les trichoptères, passent par les stades larve, pupe et insecte adulte. Le moustique est l'exemple type de cette famille.

LES NYMPHES OU LES PLÉCOPTÈRES adultes ont deux cerques courts. Les adultes ont aussi quatre ailes, très dures, qui recouvrent le corps à plat lorsqu'ils ne volent pas. Les plécoptères passent du stade de nymphe à l'adulte, sans étape intermédiaire. Certains sont parmi les plus gros insectes aquatiques. Beaucoup d'espèces, après avoir émergé, restent sur les berges, ne retournant sur l'eau que pour y déposer leurs œufs.

Les œufs éclosent pour donner des nymphes imitées par des modèles d'artificielles comme les "oreilles de lièvre". Ce stade se termine au bout de quelques mois à deux ans, les nymphes regagnant alors la surface pour émerger sous forme de subimagos. Cette étape est imitée par des mouches comme la Blue Dun. Les insectes s'envolent ensuite et regagnent la végétation qui surplombe les berges où ils finissent de muer pour devenir imagos. Les femelles pondent ensuite à la surface de l'eau. Lorsque les adultes meurent *(spent)*, ils gisent en surface, les ailes à plat sur l'eau. Un exemple parfait d'imitation de ce stade est la Trico Spinner.

AUTRES IMITATIONS DE PROIES AQUATIQUES :
amphibien, comme la grenouille (1) par une Krazy Kicker Frog (2) ; sauterelle (3) par une Dave's Hopper (4) ; nymphe de trichoptère (5) par une Black Stonefly (6) ; larve dans son fourreau (7) par une Peeking Caddis (8) ; larve de moucheron (9) par une Brassie (10) ; crustacés, comme le gammare (11) par une Olive Scud (12), ou comme l'écrevisse (13) par une Dave's Crayfish (14) ; alevins, comme le chabot (15), par une Muddler Minnow (16).

FLY HEAD
CEMENT
METZ

Outils et matériaux de montage

OUTILS DE MONTAGE

Utiliser et savoir se servir d'un bon matériel de montage est essentiel. Bien que les monteurs expérimentés emploient une vaste gamme d'outils très spécialisés, le débutant, lui, n'a finalement besoin que des objets suivants : un étau, des ciseaux, un porte-bobine, des pinces à hackle et un égaliseur de poils.

C'est une bonne chose que de pouvoir essayer du matériel avant de l'acheter. Vous pouvez aussi, bien sûr, demander conseil auprès d'un détaillant connu comme spécialiste de la pêche à la mouche. Les pages qui suivent vous aideront à vous familiariser avec le matériel de montage. Le choix final est affaire de goût personnel.

ÉTAUX

Un bon étau doit d'abord être facile à utiliser, tenir parfaitement l'hameçon et être ajustable pour permettre de monter des mouches de toutes tailles.

Pour de nombreux monteurs, l'étau le plus simple est le meilleur. Cependant, si vous êtes amené à monter des mouches à brochet, à black-bass ou même à saumon, mieux vaut employer un étau avec vis de serrage réglable.

Vous pouvez ensuite choisir entre un étau sur pied ou un étau qui se fixe sur un rebord de table. Ces derniers sont plus légers et donc plus facilement transportables.

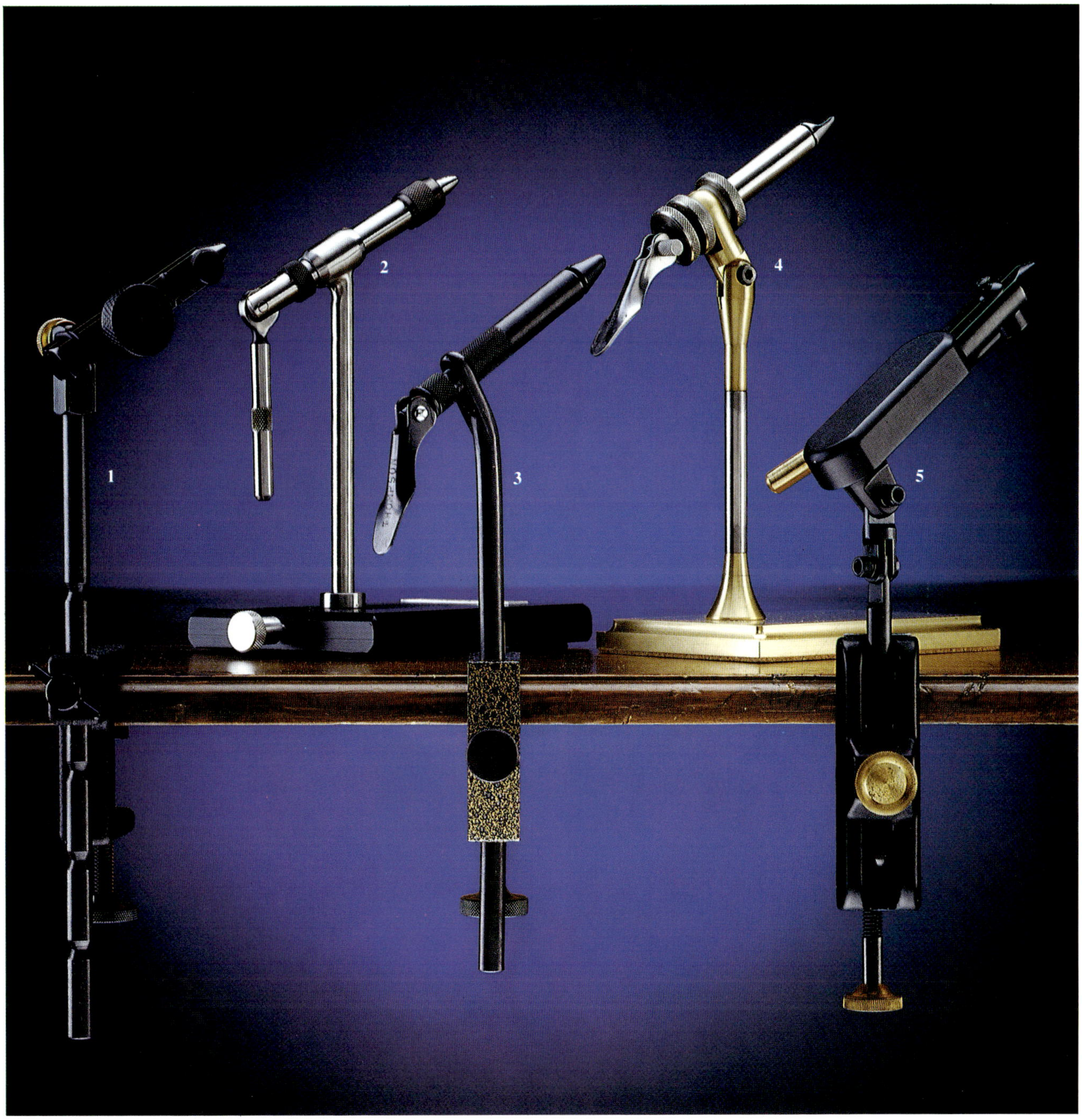

DIFFÉRENTS TYPES D'ÉTAUX COURANTS : Griffen (1) : tête et mâchoire ajustables par vis ; Dyna-King Traveler (2) : modèle sur pied à tête pivotante à 360° ; Thompson Model "A" (3) : modèle très polyvalent avec tête et mâchoire réglables ; Orvis Premier (4) : modèle avec tête ajustable permettant de monter une mouche sans jamais avoir à déplacer l'hameçon ; Regal (5) : modèle permettant le montage de tous les types de mouches, même les plus grosses.

PORTE-BOBINE

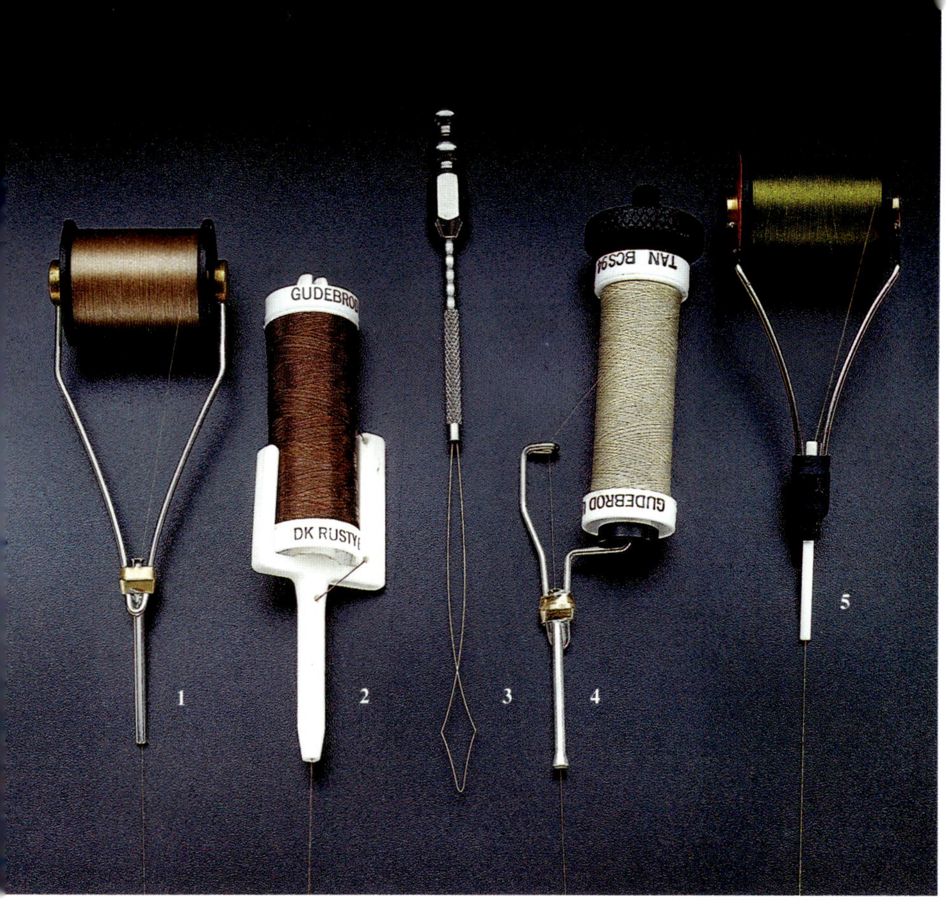

DIFFÉRENTS TYPES DE PORTE-BOBINE : modèle traditionnel très pratique convenant pour les bobines standard (1) ; modèle vertical pour bobine longue (2) ; modèle en Inox (3) ; modèle convenant pour presque tous les modèles de bobines (4) ; modèle traditionnel avec guide-fil en céramique pour limiter les risques de casse de la soie de montage (5).

Le porte-bobine a en fait plusieurs fonctions ; il maintient la bobine de soie de montage et permet de l'enrouler avec une grande précision, avec la bonne tension, autour de l'hameçon. Il vous libère aussi les mains pour toutes les autres opérations de montage, car son poids suffit à éviter que la soie ne se déroule. Si vous le désirez, vous pouvez le lester en mettant simplement du plomb à l'intérieur de la bobine.

Quel que soit le modèle choisi, assurez-vous qu'il tient parfaitement dans la main.

CISEAUX

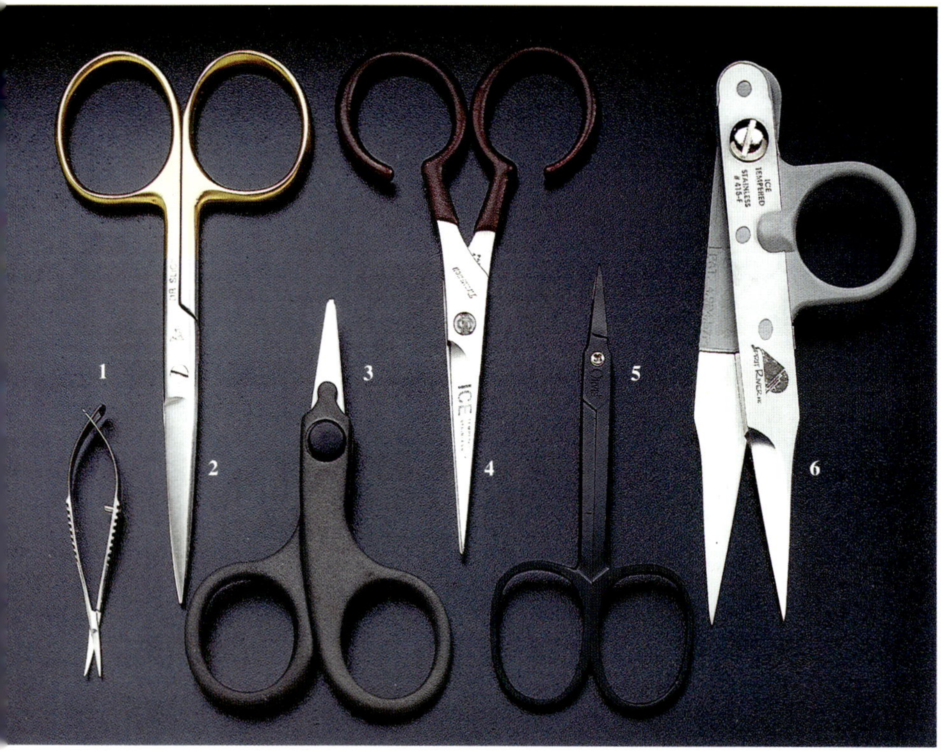

DIFFÉRENTS MODÈLES DE CISEAUX : modèle de type chirurgical pour les travaux de précision (1) ; modèle fin classique pour toute découpe fine (2) ; modèle à lames céramique (3) ; modèle à pointes fines (4) ; modèle à pointes courbes (5) ; modèle fort pour découpe de poils durs (6).

Choisissez des ciseaux très affûtés et à pointes fines pour effectuer les coupes de précision. Sélectionnez des modèles en Inox ou à lames céramique. Ces dernières sont plus chères, mais il est inutile de les affûter. Beaucoup de monteurs professionnels gardent leurs ciseaux dans la paume de la main quand ils travaillent. C'est une bonne chose de vous y habituer, car cela vous évitera de vous énerver à chercher où vous avez bien pu les poser !

Les ciseaux de couturière conviennent bien mais ils sont à réserver aux... très petits doigts !

PINCES À HACKLE

Les pinces à hackle simplifient grandement les choses pour enrouler les plumes sur l'hameçon. Les mâchoires doivent être parfaitement lisses, sinon elles risquent de couper les hackles. Si ce n'est pas le cas, vous pouvez les polir avec une petite lime fine.

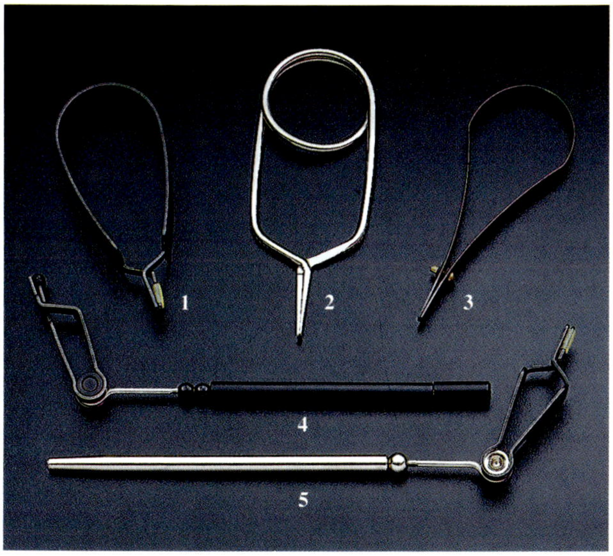

DIFFÉRENTS TYPES DE PINCES À HACKLE : modèle à mâchoire souple (1) ; modèle traditionnel (2) ; modèle à pointes très fines pour petits hackles (3) ; modèle pivotant limitant les risques de casse du hackle (4) ; autre modèle pivotant avec poignée demi-clef (5).

ÉGALISEUR DE POILS

C'est un outil indispensable pour aligner presque tous les types de fibres. Pour l'utiliser, vous placez d'abord l'embout conique dans l'égaliseur. Ensuite, vous y mettez une touffe de poils et vous tapez l'ensemble sur une surface dure. Il ne reste plus qu'à retirer la partie conique et à se saisir des poils dont la pointe est parfaitement alignée.

DIFFÉRENTS TYPES D'ÉGALISEURS DE POILS : petit modèle pour petites touffes de poils fins (1) ; modèle ajustable pour poils plus longs (2) ; gros modèle pour aligner les fibres longues des mouches à black-bass (3).

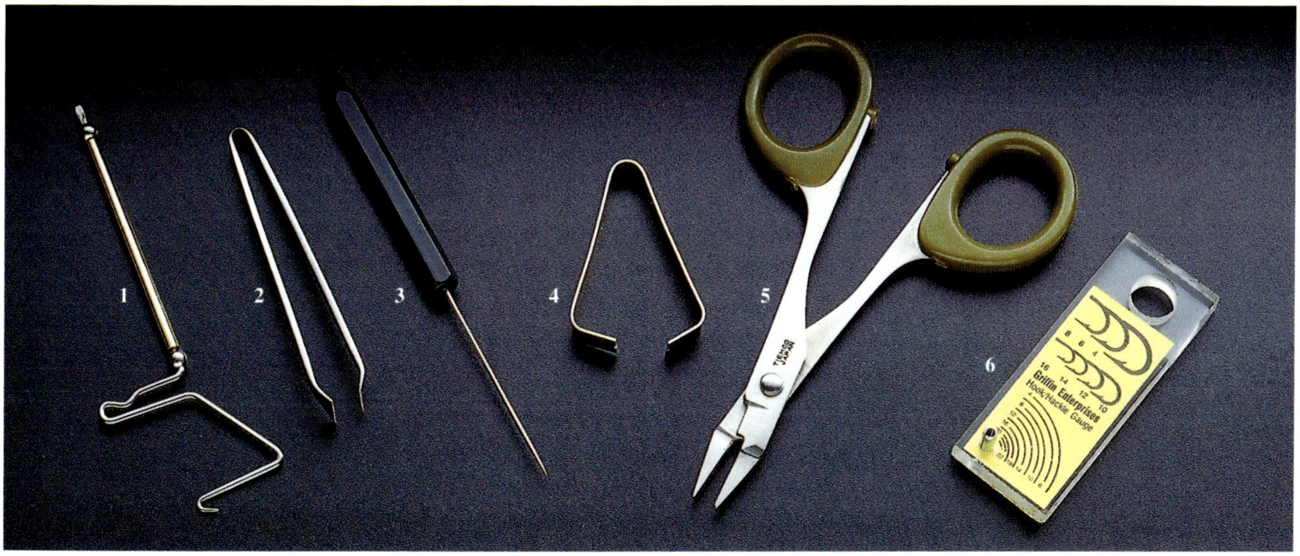

AUTRES USTENSILES : outil permettant la réalisation du nœud final (1) ; pince pour se saisir des petits matériaux (2) ; pointe permettant d'ébouriffer les fibres ou de dégager un œillet du vernis ou de la colle (3) ; pince spéciale pour la confection des corps de mouches en poil de daim (4) ; petite pince pour écraser l'ardillon (5) ; capsule permettant de coucher le hackle vers l'arrière lorsque l'on finit la mouche (6).

MATÉRIAUX

Le choix infini entre les plumes, les poils et les fibres artificielles peut intimider le débutant. Avant de vous précipiter chez votre détaillant en articles de pêche pour y acheter tout et n'importe quoi, étudiez les montages des mouches que vous souhaitez réaliser pour vous familiariser avec les matériaux dont vous aurez vraiment besoin.

Ces matériaux peuvent être classés en plusieurs catégories.

Les plumes

Les plus courantes sont les hackles : le terme de "hackle" signifie en fait deux choses dans la bouche des monteurs. Il est utilisé pour décrire la couronne de fibre en tête de l'hameçon, mais c'est aussi le nom donné aux plumes de cou du coq. Ces plumes sont également employées pour monter des cerques ou des ailes.

Ne soyez pas étonné des noms que l'on donne souvent aux hackles. Ce ne sont pas des matériaux différents, mais simplement des couleurs de plumes.

LES DIFFÉRENTS TYPES DE PLUMES : plumes de cou de coq (1) ; pointes de plumes de cou de coq (2). En encadré : les hackles ont des formes et des couleurs différentes qui permettent de les utiliser pour le corps, les ailes ou les cerques de tous les types de mouches.

UN SEUL COU fournit plusieurs types de plumes : les plus larges se trouvent au sommet (1), les plus fines à la base (2).

Par exemple, un hackle "Grizzly" est un type bien défini de plume à rayures noires et blanches, alors qu'un "Badger" est de couleur crème, avec une ligne sombre au centre.

Les deux hackles de base sont :

– le hackle de cou de coq :

les hackles situés à la base du cou sont longs et fins, avec des fibres droites, rigides et très lumineuses. Ils sont parfaits pour réaliser les hackles des mouches sèches. Ceux situés plus en arrière du cou sont plus arrondis et servent plutôt au montage des ailes ;

– le hackle de queue :

ces plumes de coq ou de poule, plus larges, sont aussi plus souples. On les utilise surtout pour les mouches noyées.

Les plumes de l'aile : en provenance d'aile de canard, d'oie ou d'autres volailles, elles servent à monter les ailes des mouches sèches ou noyées, y compris celles des imitations de trichoptères, à plat sur le corps de la mouche (p. 59). Pour les nymphes, on utilise également les fibres courtes de ce type de plumes.

Les plumes du corps, de la tête ou de la queue : les plumes des flancs ou du jabot d'un oiseau servent au montage de tous les types de mouches, nymphe, noyée, sèche ou même à saumon.

Les plumes de queue sont souvent prélevées sur des oiseaux exotiques comme le paon ou l'autruche. Les longues plumes de queue des paons sont aussi appelées "herls" et sont employées pour presque tous les corps de mouches.

DIFFÉRENTS TYPES DE PLUMES D'AILE : canard (1), oie (2), faisan (3). Ces plumes existent dans une vaste gamme de couleurs naturelles ou artificielles.

AUTRES PLUMES : de dinde (1), de perdrix (2), de tétras (3), de coq sauvage (4), de faisan (5, 6, 7, 8, 9), de colvert (10), de canard (11, 12), de "cul de canard" (13).

PLUMES DE QUEUE : paon (1, 2), faisan (3), autruche (4), marabout (5). Toutes ces plumes ont des couleurs vives et sont souples.

POILS : daim (1, 4), daim teinté (2, 3), veau (5), élan (6), queue de daim teintée (7), queue d'écureuil (8), queue d'agneau (9).

Les fourrures

Plus fine que les poils proprement dits, la fourrure est surtout employée pour le dubbing appliqué sur la soie de montage qui, enroulée ensuite sur la hampe de l'hameçon, forme le corps de la mouche (p. 46).

Différentes couleurs, naturelles ou obtenues par teinture, peuvent être associées pour obtenir exactement l'aspect et la couleur d'un corps d'insecte. Mélangées avec des fibres synthétiques comme l'Antron ou le polypropylène, les fourrures naturelles gagnent en solidité et en brillance.

Les fibres longues et rigides de certaines fourrures servent à faire le corps des nymphes ou les cerques de certaines mouches sèches.

Laine, floss et chenille

La laine est certainement le plus ancien des matériaux utilisés pour faire une mouche artificielle. Elle reste très populaire dès qu'il s'agit de faire un corps de nymphe ou de mouche noyée parce qu'elle est très absorbante.

Le floss et les chenilles sont aujourd'hui en matières synthétiques et disponibles en une immense variété de diamètres et de couleurs.

Autres matières synthétiques

D'autres matériaux synthétiques sont régulièrement employés, pas seulement pour constituer des corps mais aussi pour créer des ailes, des pattes ou des cerques les plus proches possible de la réalité. Ces matériaux ont une durée de vie plus importante que les produits naturels et ajoutent brillance, éclat ou fluorescence.

FOURRURE ET LE DUBBING OBTENU : masque de lièvre qui procure des fibres longues et courtes (1), parfaites aussi bien pour la confection d'un corps de mouche que de cerques, loutre (2), rat musqué (3), chèvre (4), castor (5), renard (6).

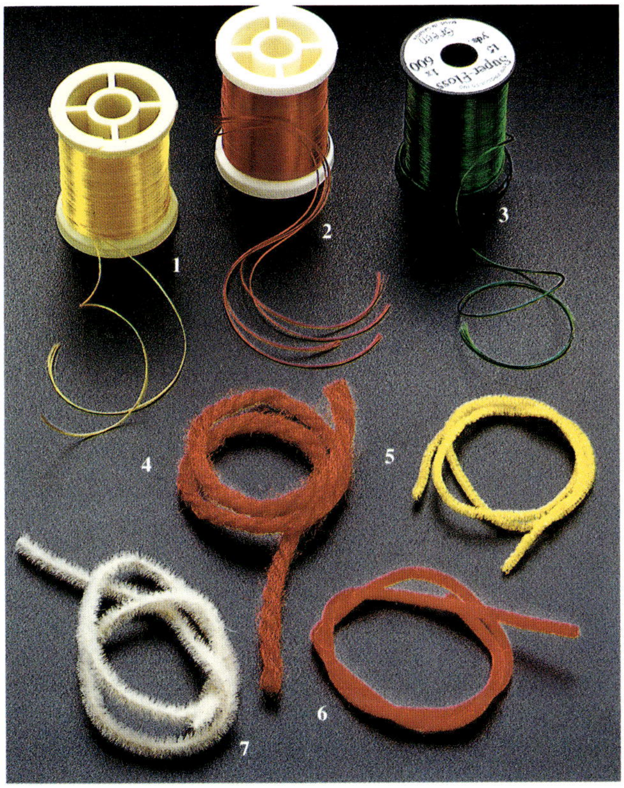

FLOSS, LAINE ET CHENILLE : floss synthétique en deux brins (1), quatre brins (2) et monobrin (3), laine (4), chenille synthétique ultra-fine (5), moyenne (6) ou large (7).

AUTRES MATIÈRES SYNTHÉTIQUES : Flashabou (1), Krystal Flash (2), Body Foam (3), Z-Lon (4), Rubber Legs (5), polypropylène (6), Antron Yarns (7), Swiss Straw (8), Ultra Hair (9), Mylar Tynsel (10), Lite Brite (11), Mylar (12), V-Rib (13), Larva Lace (14).

LES ACCESSOIRES POUR ORGANISER LA TABLE DE TRAVAIL : une lampe orientable et puissante qui pourra être placée juste au-dessus de l'étau (1) ; une boîte multicasier avec étiquettes pour y ranger tous les petits ustensiles (2) ; une chaise pivotante et confortable (3) ; un morceau de feutrine pour éviter que les outils ne glissent et pour protéger le support (4).

TABLE DE MONTAGE

Une table de travail bien organisée permet à la fois d'être installé confortablement et d'être efficace.

Placez votre table de travail dans un endroit tranquille, chez vous. Une bonne chaise vous évitera les maux de dos et une lampe les problèmes de vue.

Si vous voyagez, placez les outils et matériaux nécessaires dans une boîte avec plusieurs compartiments. Comme cela, vous serez fin prêt pour monter la "mouche du coin" !

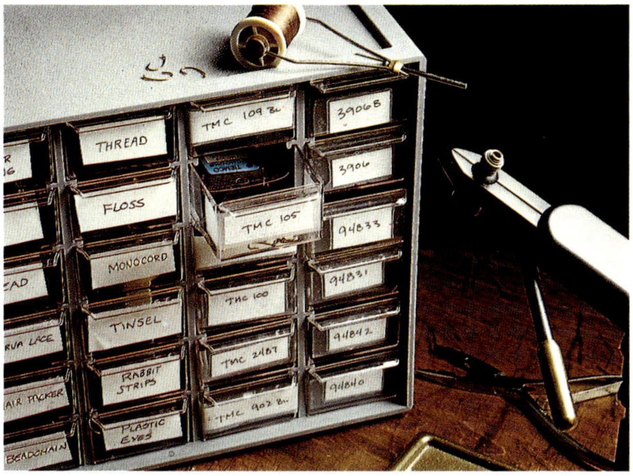

GARDEZ vos hameçons dans une boîte multicasier avec étiquettes. Vous n'aurez plus à les chercher, quelle que soit leur taille ou leur forme.

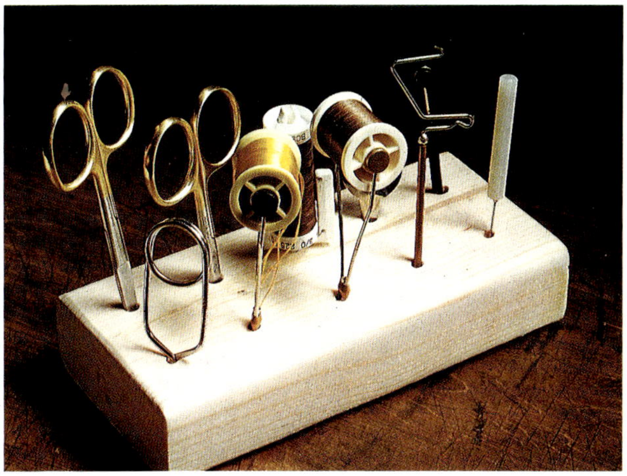

PERCEZ des trous de diamètres différents dans un morceau de bois ou de mousse dure pour garder vos outils ensemble et à portée de main.

DU PAPIER ABSORBANT EST TRÈS UTILE lorsque l'on emploie des matériaux teintés. Il permet de les essuyer avant de les monter pour éviter qu'ils ne déteignent sur les autres éléments qui constituent la mouche... ou sur les doigts !

CLASSEZ vos hackles par tailles et par couleurs dans des petites pochettes plastique mini-grip.

DU PAPIER AUTOCOLLANT, type Post-it, est très pratique pour maintenir les plumes sur la table de travail et ne pas les voir s'envoler au moindre courant d'air.

Pour le pêcheur qui voyage fréquemment, une boîte à compartiments permet de disposer de tout le matériel nécessaire.

Les bases du montage

LES DIFFÉRENTES ÉTAPES

LES DIFFÉRENTES PARTIES D'UNE MOUCHE : pour une mouche sèche (en haut), on trouve : des cerques, un corps, des ailes, un hackle et une tête. D'autres éléments sont présents chez certaines mouches, mais pas toutes : un ribbing, un abdomen, un sac alaire, un thorax chez une nymphe ; un tag et des plumes ventrales chez une noyée ; des pattes chez une imitation d'insecte terrestre ; un butt chez un streamer ; enfin, une collerette chez une mouche à black-bass.

Maintenant que vous êtes confortablement installé et que vous êtes familiarisé avec tout le matériel, il vous reste à apprendre les bases du montage lui-même.

Une mouche artificielle est composée d'éléments associés les uns après les autres sur l'hameçon : des cerques, un corps, des ailes, des hackles et une tête. Le secret du montage est de bien connaître et de comprendre chacun de ces éléments et les techniques pour les associer les uns aux autres.

Ce chapitre est divisé en huit étapes (voir page suivante), chacune couvrant une étape de base dans la fabrication d'une mouche artificielle.

1 Préparation. Ce paragraphe vous montrera comment placer l'hameçon dans l'étau et comment réaliser les premiers tours avec la soie de montage (p. 30 et 31).

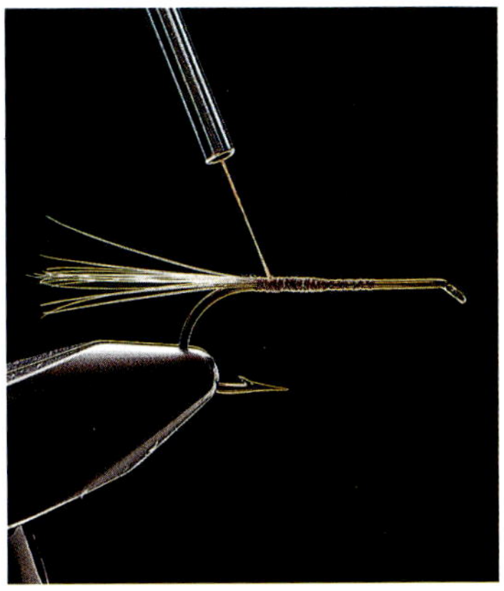

2 Cerques. Ce sont souvent les premiers éléments que l'on fixe sur une artificielle. Vous apprendrez à fixer différents types de cerques, en poil ou en plume (p. 34 à 39).

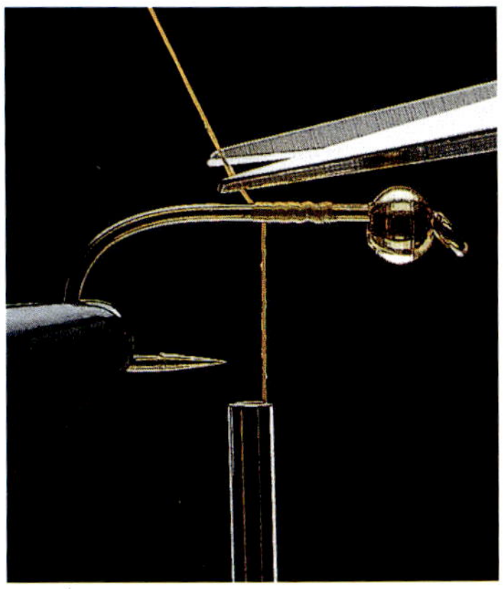

3 Plomber l'hameçon. Le meilleur moyen de faire couler une nymphe ou un streamer, c'est de plomber l'hameçon avant de faire le corps de la mouche. Ce paragraphe vous montrera comment enrouler du fil de plomb autour d'un hameçon ou comment placer une bille métallique en tête (p. 40 et 41).

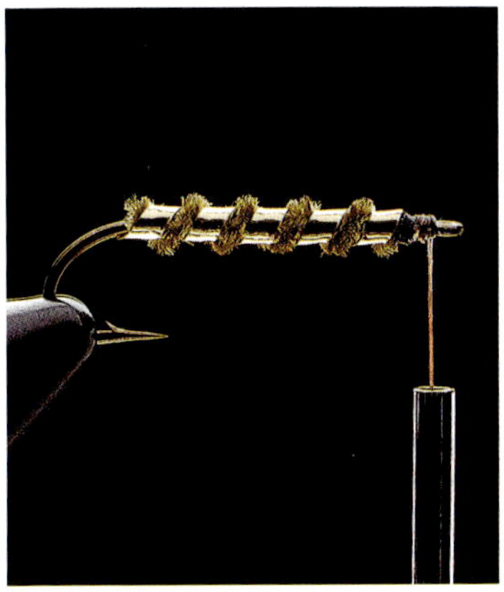

4 Ribbing. Vous apprendrez les différentes façons d'imiter la segmentation caractéristique du corps des insectes en enroulant un tinsel, du floss ou du fil métallique (p. 42 et 43).

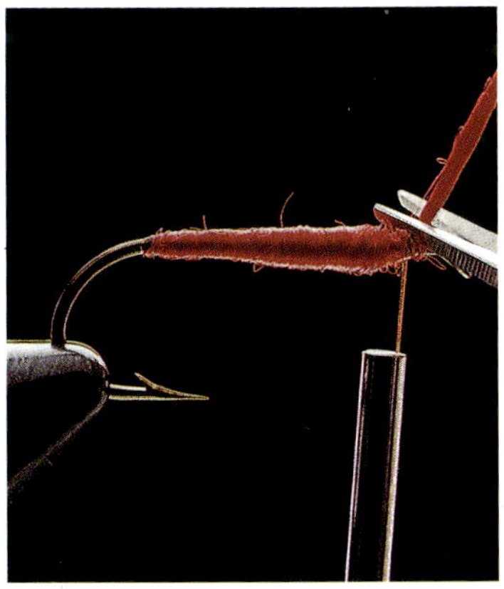

5 Corps. Quel que soit le matériau utilisé, dubbing, floss, herl ou poil de daim, vous apprendrez à réaliser un corps de mouche (p. 44 à 53).

6 Ailes. Nous l'avons vu, selon les familles, les insectes ont des formes d'ailes particulières, il est donc indispensable de maîtriser leur montage (p. 54 à 63).

7 Hackles. Les hackles peuvent être employés pour imiter des pattes ou des ailes qui battent (p. 64 à 69).

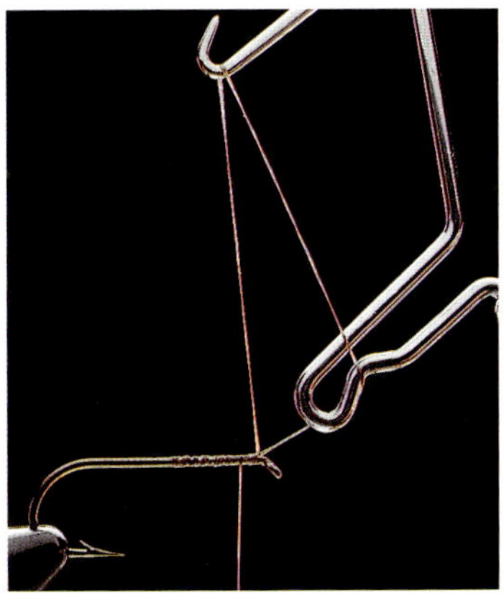

8 Nœud final. Après avoir réussi toutes les étapes précédentes, il est important de réaliser un nœud final parfait. Nous vous apprendrons à faire le meilleur des nœuds finaux ainsi qu'à utiliser un petit outil, le whip-finish, qui facilite grandement cette opération délicate (p. 70 et 71).

PRÉPARATION

La première étape est de placer parfaitement l'hameçon dans l'étau, c'est-à-dire à un angle de 30 à 45°, la hampe parfaitement à l'horizontale.

Les mâchoires de l'étau doivent tenir l'hameçon en bas de la courbure, sans couvrir la pointe. C'est une erreur caractéristique des débutants que de couvrir cette pointe, en se disant que cela évitera de se piquer ou de casser prématurément la soie de montage. En fait, cela augmente les risques de casse de l'hameçon lorsque l'on enroule les différents matériaux de montage et cela empêche la réalisation de corps uniformes.

Si vous désirez écraser l'ardillon, faites-le en premier, avant toute autre opération ; si l'hameçon se casse, vous ne perdrez pas une mouche finie.

Comment placer l'hameçon sur l'étau

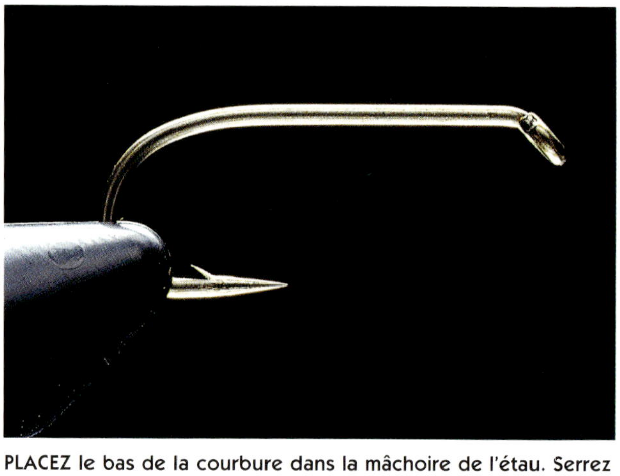

PLACEZ le bas de la courbure dans la mâchoire de l'étau. Serrez juste ce qu'il faut pour maintenir l'hameçon sans risque qu'il ne glisse, mais attention, trop serré, il est fragilisé.

Les premiers tours avec la soie de montage

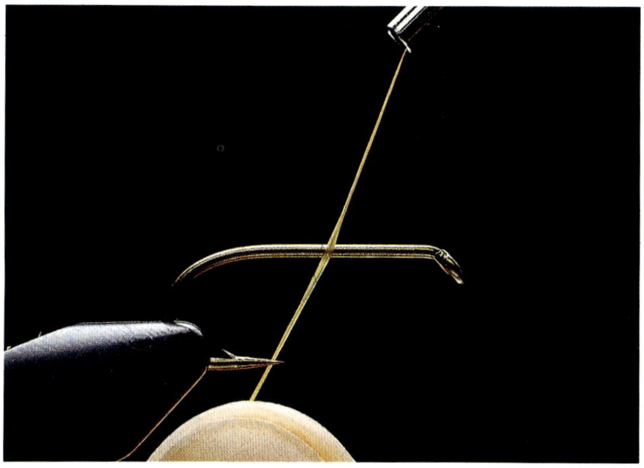

1 Placez la soie de montage au centre de la hampe avec le porte-bobine dans la main droite et la partie libre de la soie fermement maintenue entre le pouce et l'index de la main gauche.

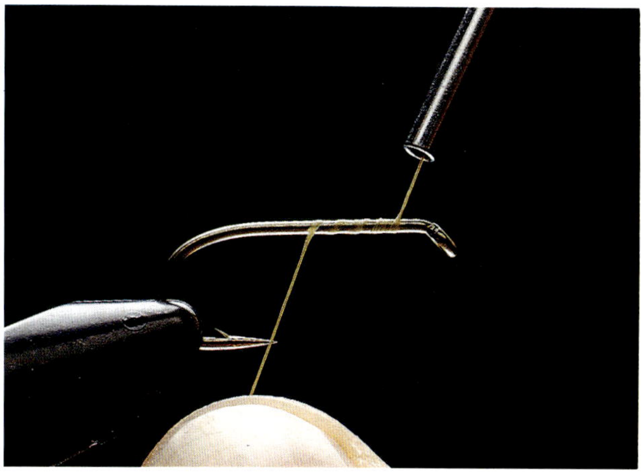

2 Faites plusieurs tours en direction de l'œillet en maintenant la bonne tension avec les deux mains. Enroulez dans le sens des aiguilles d'une montre en vous maintenant à distance.

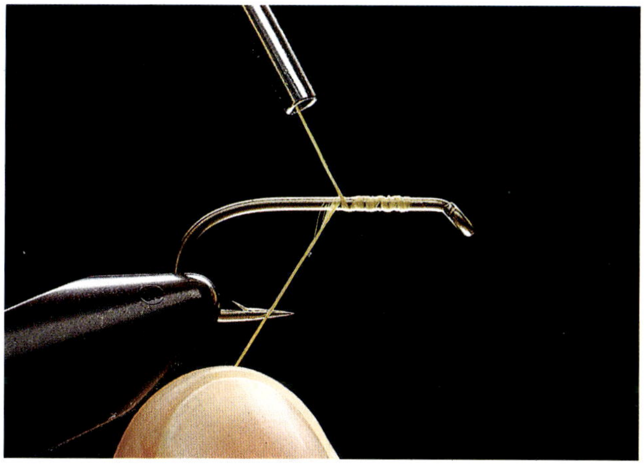

3 Revenez en arrière en enroulant par-dessus les premiers tours avec toujours une tension uniforme.

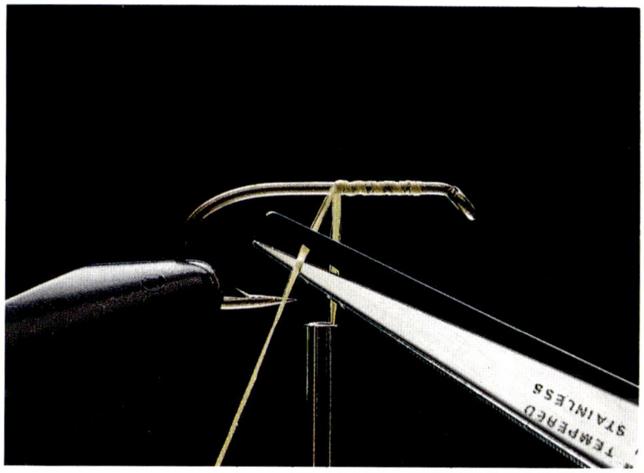

4 Coupez la partie libre de la soie. Le simple poids du porte-bobine suffit à éviter que le tout ne se déroule.

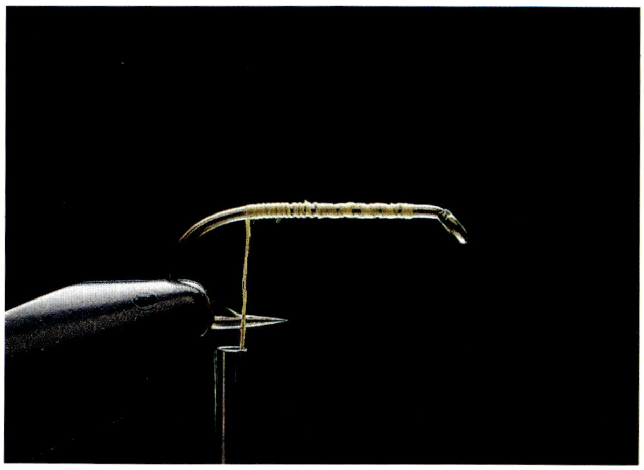

5 Pour les modèles qui nécessitent des cerques, continuez à enrouler la soie en allant vers l'arrière. Attention à la pointe de l'hameçon, qui peut facilement casser la soie prématurément.

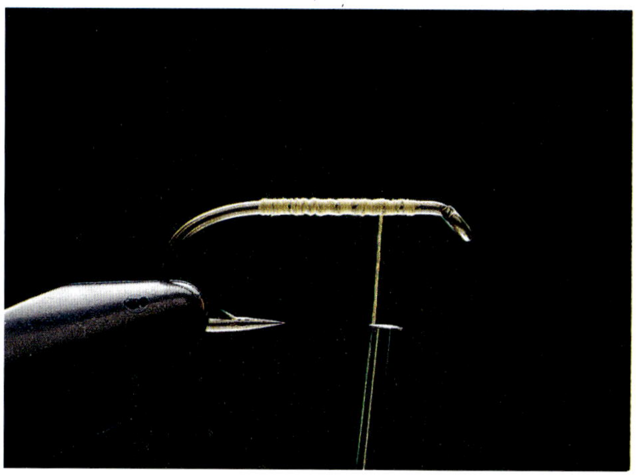

6 Pour les modèles qui réclament de poser les ailes en premier, repartez à l'inverse vers l'avant, au quart supérieur de l'hameçon, là où seront fixées les ailes.

CONTRÔLE DE LA SOIE ET DES PLUMES

Quand on fixe les plumes, et tous les autres matériaux en général, avec la soie, elles ont tendance à glisser autour de la hampe. Ce problème est la simple résultante de la pression exercée par la soie sur ces matériaux.

On évite ce genre de problème en réalisant une boucle souple (technique du "soft-loop") ou en contrôlant la glisse des matériaux (technique du "controlled-slide"). Dans ce dernier cas, on se sert de la tension de la soie pour contrôler le phénomène.

Technique du soft-loop

1 Maintenez les poils ou les plumes entre le pouce et l'index et positionnez-les sur la hampe. Tenez la soie de montage vers le haut, toute proche des matériaux.

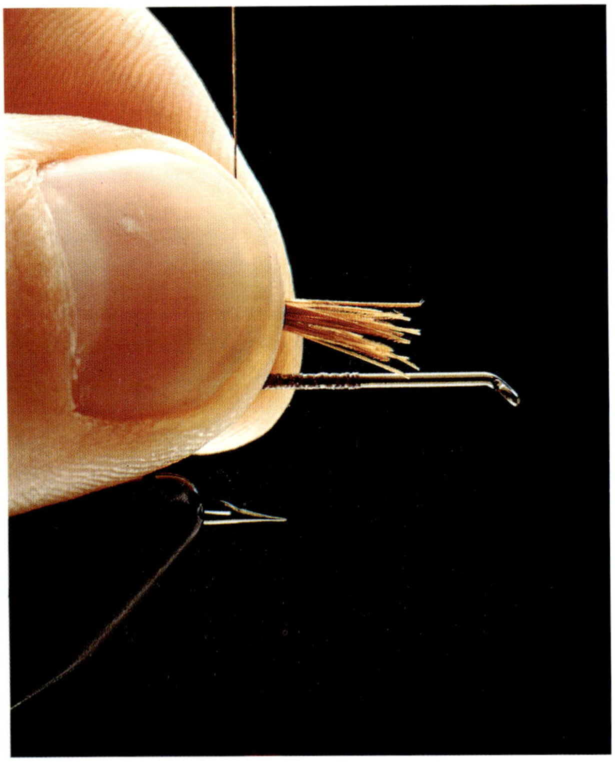

2 Pincez la soie entre le pouce et l'index pour la maintenir avec les matériaux.

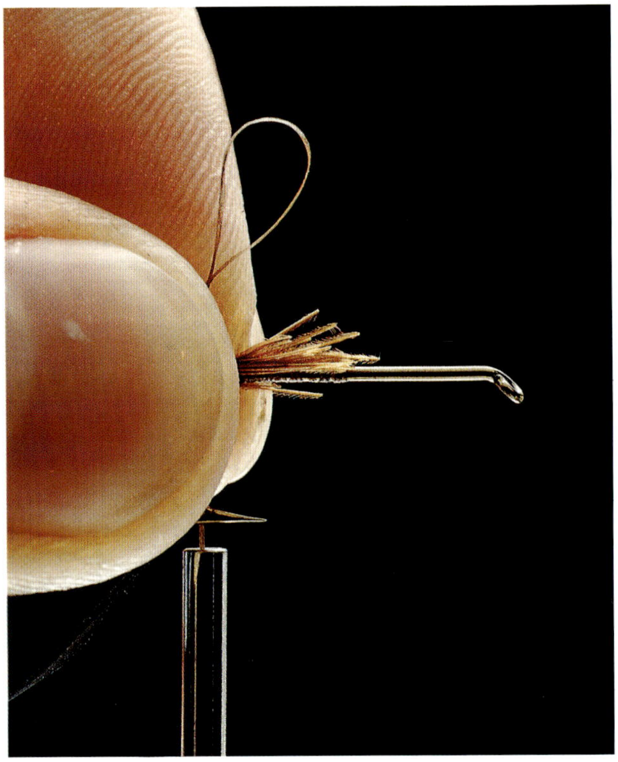

3 Formez une boucle large au-dessus des plumes et faites passer la soie vers l'arrière.

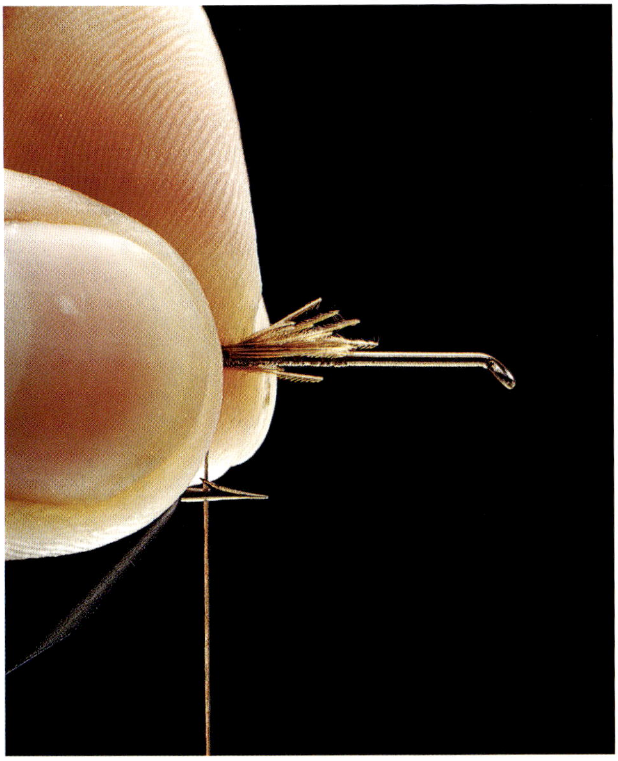

4 Tirez doucement sur la soie en maintenant la pression sur les plumes et la soie de montage avec les doigts.

5 Répétez plusieurs fois l'opération pour assurer la solidité de l'ensemble.

Technique du controlled-slide

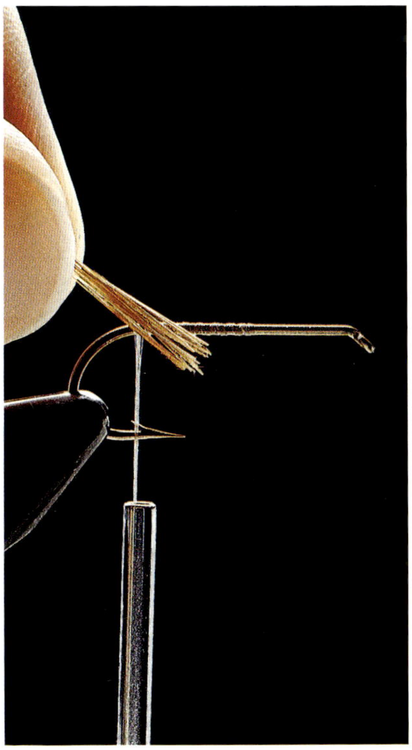

1 Placez les matériaux sur le côté de l'hameçon avec un léger angle pour éviter qu'ils ne glissent dès les premiers tours avec la soie de montage.

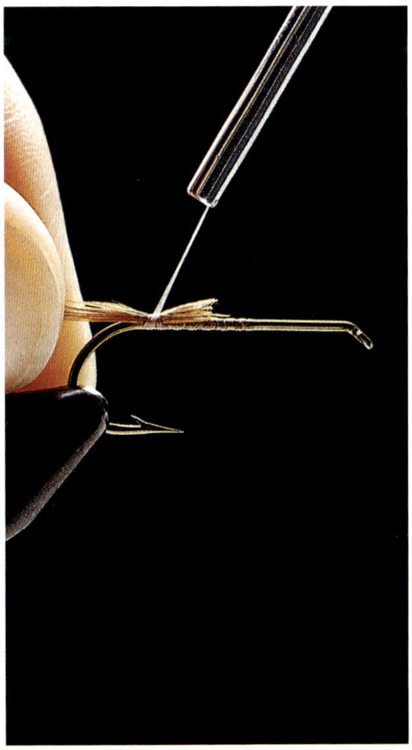

2 Commencez les premiers tours de soie autour de la hampe de l'hameçon. La tension sur les matériaux suffit à les placer en bonne position.

3 Continuez à entourer les matériaux avec la soie pour les fixer définitivement.

CERQUES

DIFFÉRENTS TYPES DE CERQUES : marabout pour un streamer Wooly Bugger (1) ; hackle pour une mouche sèche Light Cahill (2) ; biot pour une nymphe Prince (3) ; poils pour une mouche sèche Grizzly Wulff (4).

Beaucoup de mouches ne semblent pas efficaces si elles n'ont pas de cerques ; après tout, presque tous les insectes en ont, eux !

Que ce soit avec des plumes très fines pour des cerques de chironome ou une épaisse touffe de marabout pour un gros streamer, la queue d'une imitation est utile à plus d'un titre. Sur une mouche sèche, par exemple, les cerques ajoutent au réalisme de l'imitation et lui assurent une meilleure stabilité sur l'eau. Pour un modèle de mouche noyée de fines plumes procurent un effet attractif indéniable.

Cerques les plus courants

Voyons quels sont les matériaux couramment utilisés pour la fabrication des cerques.

Hackle. Dès le début du siècle, les monteurs ont employé les fibres les plus fines de hackle pour réaliser les cerques de leurs artificielles. C'est, aujourd'hui encore, le matériau le plus usuel, aussi bien pour les mouches sèches que pour les noyées ou les nymphes.

À la base, on se sert généralement de plumes de cou de coq ou de poule, mais d'autres espèces peuvent être utilisées pour des montages spécifiques. Des plumes de flanc de canard, par exemple, donnent des cerques très droites et rigides alors que celles de faisan apportent une vaste gamme de couleurs différentes. Ces dernières sont surtout employées pour le montage des nymphes, car elles sont plus épaisses et plus résistantes que celles provenant de cou de coq.

Poils. C'est le célèbre pêcheur américain Lee Wulff qui a popularisé l'utilisation de poils pour la fabrication de cerques, particulièrement ceux de daim et de veau. À l'origine, ils avaient été conçus pour permettre une parfaite flottaison de l'artificielle sur des rivières exposées au vent, avec de nombreux remous, et pour d'énormes truites vivant dans le Labrador.

Aujourd'hui, les cerques en poils servent largement pour tous les types de mouches sèches. Ils apportent à la fois une bonne flottaison à la mouche et une durée de vie plus longue grâce à leur solidité. Les émergentes ont souvent aussi des cerques en poils, de lapin ou d'écureuil, pour en augmenter l'effet attractif.

Marabout. Le marabout est un matériau qui semble vivant une fois dans l'eau. Il est de plus disponible dans une grande variété de couleurs. On l'utilise surtout pour les mouches à black-bass, les streamers et quelques modèles de nymphes.

Des cerques, aussi attractifs que ceux en marabout, peuvent être réalisés à partir de plumes d'aile de poule ou de fibres de herls de paon. Ces plumes se fixent exactement de la même façon que le marabout.

Biot. Les cerques fabriqués à partir des plumes que l'on nomme "biots" imitent à la perfection les deux fins filaments qui constituent les cerques des nymphes de trichoptères. Ce type de plume peut aussi remplacer les hackles, plus fragiles, dans de nombreux modèles de nymphes ou de mouches noyées.

Les biots sont en fait les fibres de la base d'une plume d'aile primaire. Le plus souvent, les plumes employées sont celles de canard ou d'oie, mais il ne faut pas négliger celles de faisan ou de dinde.

Beaucoup de mouches, particulièrement celles à black-bass et les streamers, ont des cerques réalisés en matériaux synthétiques. Ceux-ci sont généralement plus solides et de couleurs plus vives que les fibres naturelles.

Conseils pour monter des cerques

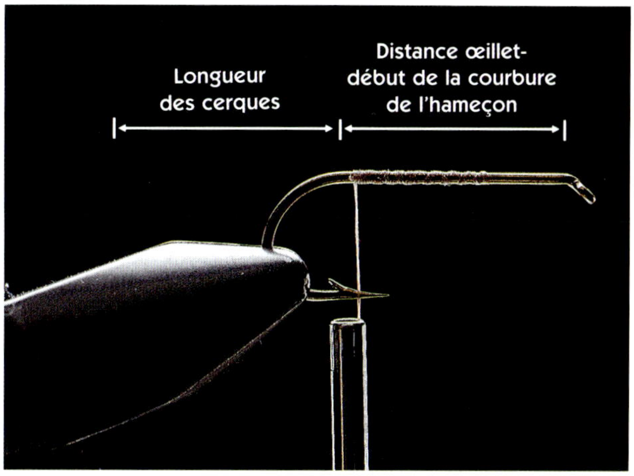

MESUREZ la longueur des cerques à partir de la hampe de l'hameçon. Les cerques des mouches sèches ou noyées doivent être de la même longueur que la hampe, de l'œillet au début de la courbure. Les cerques en biot pour les nymphes sont, eux, mesurés du début de la courbure à la pointe de l'hameçon (p. 39).

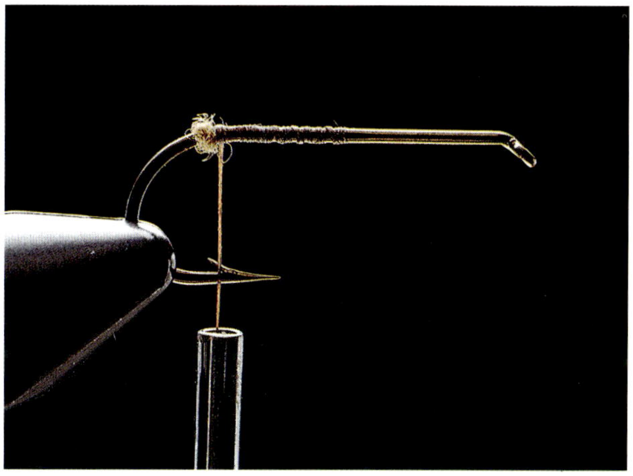

POUR MONTER des cerques qui doivent remonter vers l'arrière, la meilleure solution est de faire, avec la soie de montage, une petite boule de dubbing au niveau de la courbure de l'hameçon.

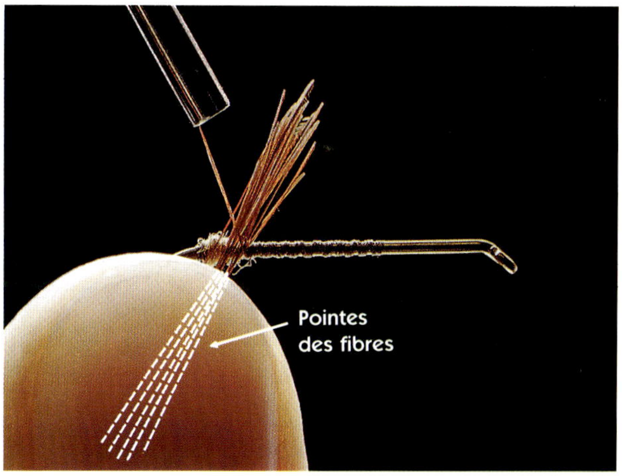

POUR MONTER les cerques proprement dits, tenez-les parallèlement et fermement sur le côté de l'hameçon avant de les fixer solidement avec la soie de montage.

Cerques en hackles sur cette mouche sèche, une Ginger Fox.

CERQUES EN HACKLES

Vous pouvez faire des cerques à partir de tous les types de hackles, mais ceux issus des bords du cou de coq sont les meilleurs parce qu'ils sont bien droits et rigides.

Comment monter des cerques en hackles

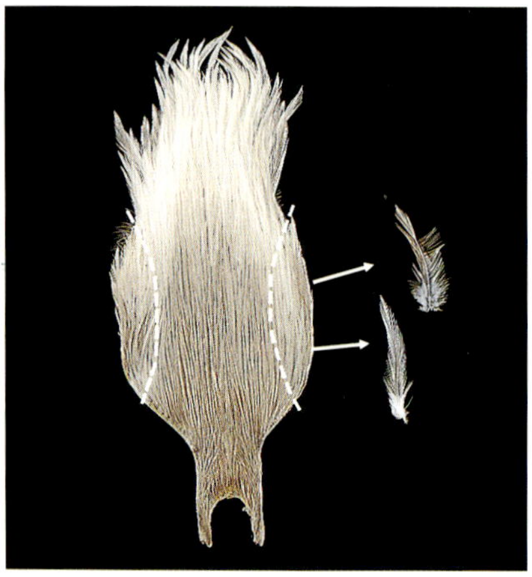

1 Sélectionnez des hackles sur les bords du cou de coq.

2 Prélevez une douzaine de fibres en pinçant leur pointe puis en tirant à un angle de 90°.

3 Mesurez la longueur des hackles à partir de la hampe. Les cerques, une fois montés, doivent être de la même longueur que la hampe.

4 Placez les fibres sur le dessus de la hampe au niveau de la courbure et fixez-les avec plusieurs boucles.

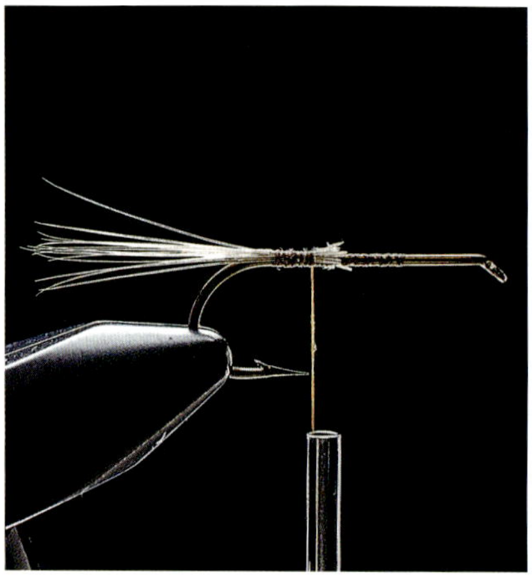

5 Faites plusieurs tours avec la soie de montage pour consolider l'ensemble jusqu'au milieu de la hampe.

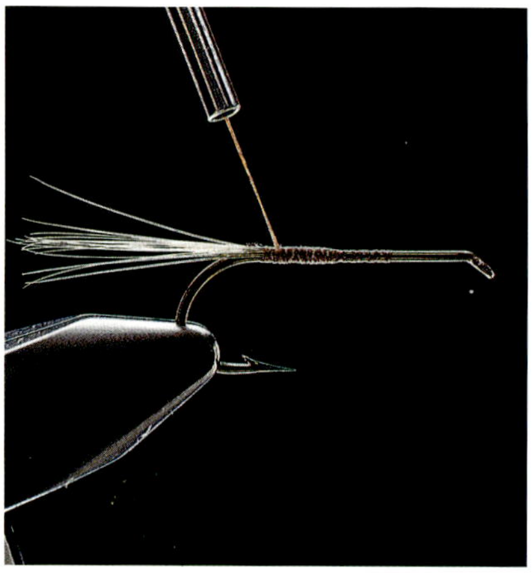

6 Revenez en arrière avec la soie de montage. C'est fini, vous êtes prêt à passer à l'étape suivante, c'est-à-dire la confection du corps de l'artificielle.

CERQUES EN POILS

Pour débuter, mieux vaut vous entraîner à monter des cerques avec des poils de veau ou d'élan, car ceux de daim ont tendance à glisser autour de la hampe. Un égaliseur de poils est un outil très utile, ne le négligez surtout pas !

Cerques en poils de veau pour cette mouche sèche, une White Wulff.

Comment monter des cerques en poils

1 Prélevez une touffe de poils de veau ou d'élan.

2 Retirez l'excédent de fibres avec une petite pointe métallique.

3 Placez les poils dans l'égaliseur, la pointe en avant. Tapez le tout sur une surface dure. Attention, une trop grande quantité de fibres peut empêcher un bon alignement de celles-ci.

4 Retirez le cylindre de l'égaliseur de poils, puis les fibres par leur pointe. Éliminez toutes celles qui sont trop courtes.

5 Prenez la mesure sur la hampe, comme avec les cerques en hackles.

6 Fixez les fibres sur la courbure par plusieurs boucles. Ne serrez pas trop les poils lors des premiers tours, ils risqueraient de partir en éventail. Coupez l'excédent de poils.

Cerques en marabout sur cette Woolly Bugger.

CERQUES EN MARABOUT

Les fibres de marabout ne sont pas très faciles à monter à cause de la nature même de la plume. Pour faciliter les choses, la meilleure solution est de l'humidifier légèrement.

Comment monter des cerques en marabout

1 Sélectionnez une plume de marabout en séparant les fibres de la base de ceux de la pointe.

2 Lissez la pointe de la plume avec vos doigts humidifiés.

3 Mesurez la bonne longueur avec la hampe comme référence.

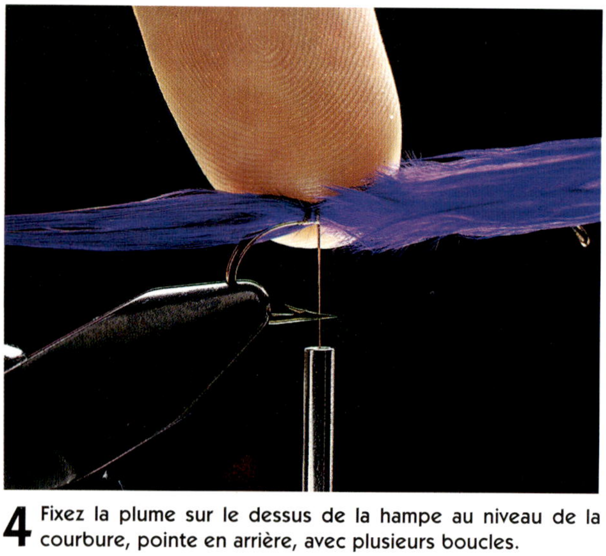

4 Fixez la plume sur le dessus de la hampe au niveau de la courbure, pointe en arrière, avec plusieurs boucles.

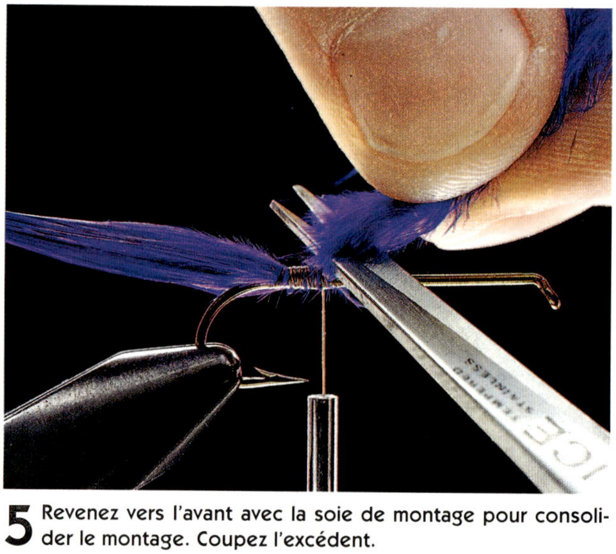

5 Revenez vers l'avant avec la soie de montage pour consolider le montage. Coupez l'excédent.

CERQUES EN BIOT

Les cerque en biot sont généralement plus courts que tous les autres et sont montés avec une technique bien particulière. Une petite boule réalisée avec la soie de montage permet de bien séparer les deux fibres.

Cerques et antennes en biots pour cette nymphe Giant Black Stonefly.

Comment monter des cerques en biots

1 Courbez une plume d'oie pour prélever deux fibres appelées biots.

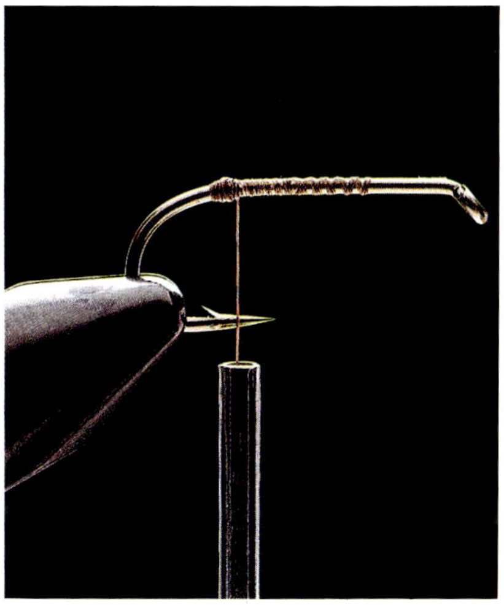

2 Commencez à enrouler la soie de montage à partir du milieu de la hampe. Revenez en arrière et formez une petite boule au niveau de la courbure.

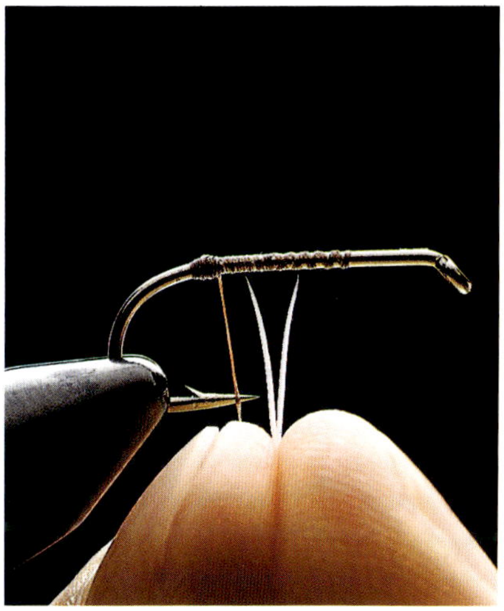

3 Mesurez la bonne longueur des biots, de la pointe de l'hameçon à la hampe.

4 Placez les deux biots de chaque côté de l'hameçon, pointe vers l'arrière. Fixez avec quelques boucles, juste devant la petite boule de soie de montage.

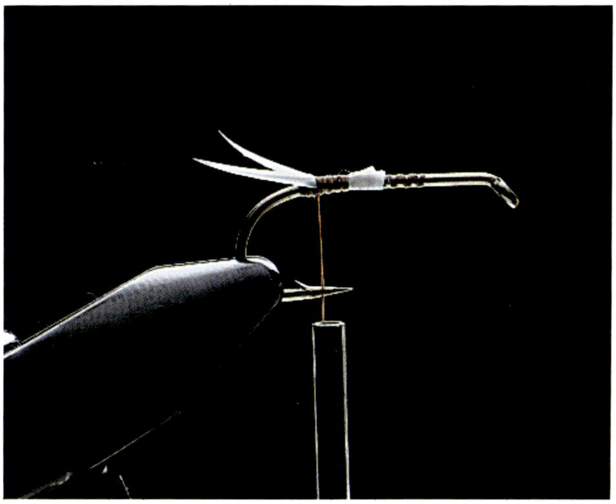

5 Revenez vers l'arrière jusqu'au milieu de la petite boule, ce qui a pour effet de bien séparer les deux fibres et de les faire se redresser. Coupez l'excédent.

PLOMBER L'HAMEÇON

DIFFÉRENTS TYPES D'ARTIFICIELLES MONTÉES AVEC DES HAMEÇONS PLOMBÉS : Pass Lake (1) ; Peacock Caddis (2) ; avec bille en tête, Giant Black Stonefly (3) ; Bottle Brush (4) ; Thunderhead (5) et Pete's Pheasant Caddis (6).

Streamers et nymphes sont souvent plus efficaces lorsqu'ils pêchent profond. Certains pêcheurs se contentent de pincer un petit plomb en tête de leur mouche, mais cela ne facilite pas le lancer et cette cendrée peut s'échapper à tout moment. La meilleure façon est encore de plomber l'hameçon avant de monter la mouche. Pour cela on utilise du fil de plomb ou tout autre matériau de substitution, comme une bille en laiton en tête.

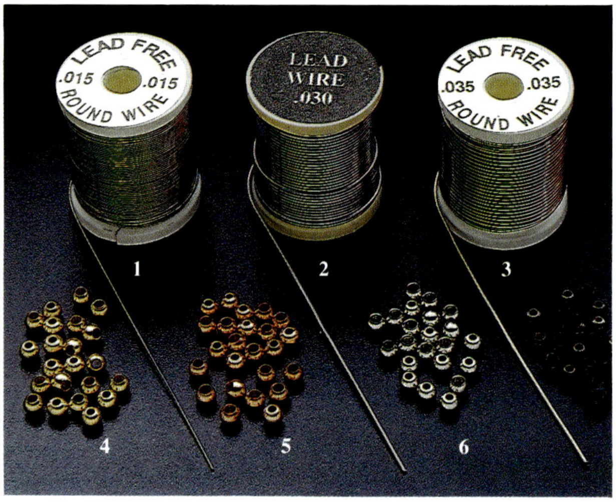

DIFFÉRENTS TYPES DE MATÉRIAUX POUR LESTER UN HAMEÇON : fil fin en substitut de plomb (1) ; fil de plomb (2) ; gros fil en substitut de plomb (3) ; billes en laiton (4) ; billes en cuivre (5) et billes en nickel (6).

Comment enrouler du fil de plomb

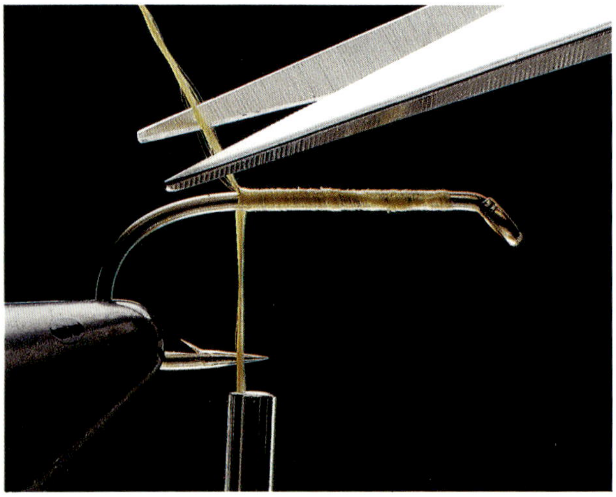

1 Enroulez tout d'abord de la soie de montage sur toute la longueur de la hampe.

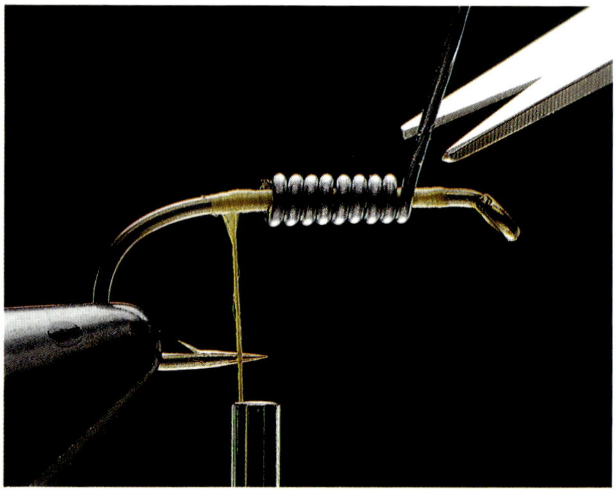

2 Enroulez du fil de plomb fin à partir du milieu de la hampe et coupez l'excédent à ras.

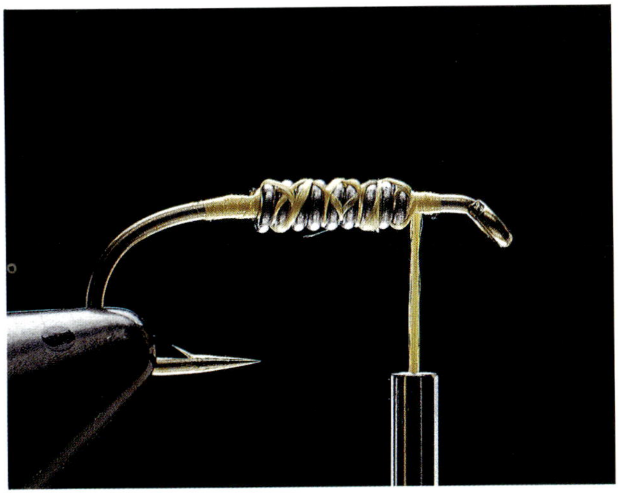

3 Enroulez la soie de montage par-dessus le fil de plomb en spirales espacées. Faites plusieurs tours en tête pour consolider l'ensemble.

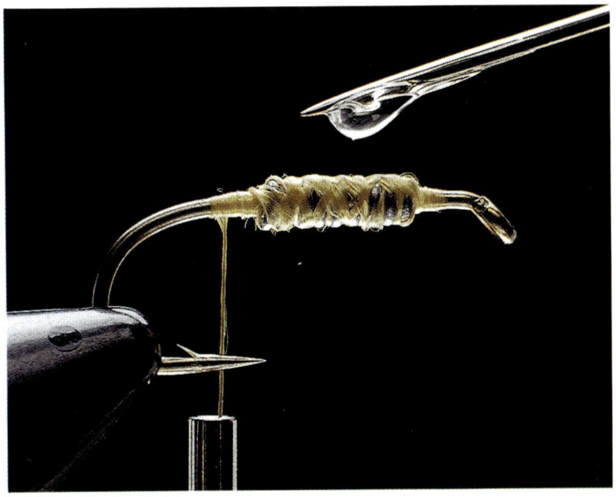

4 Continuez à couvrir le plomb avec la soie de montage et appliquez, éventuellement, une goutte de colle rapide.

Comment placer une bille en tête de mouche

1 Placez un hameçon à nymphe ou streamer. Écrasez l'ardillon avec des pinces plates pour pouvoir faire passer la bille.

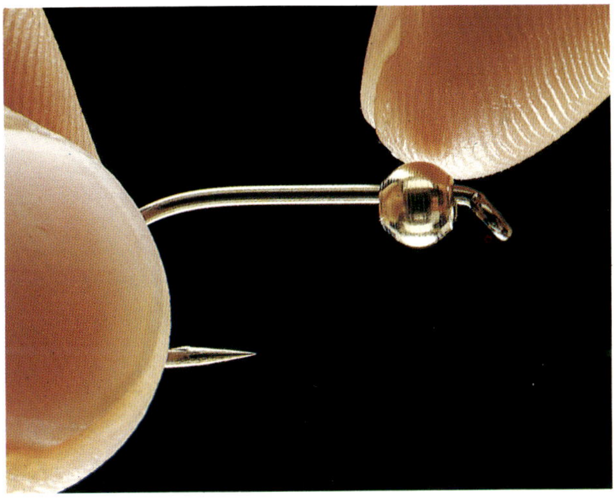

2 Retirez l'hameçon de l'étau et faites glisser la bille jusqu'à l'œillet.

3 Remettez l'hameçon sur l'étau et commencez à enrouler la soie de montage à partir du milieu de la hampe.

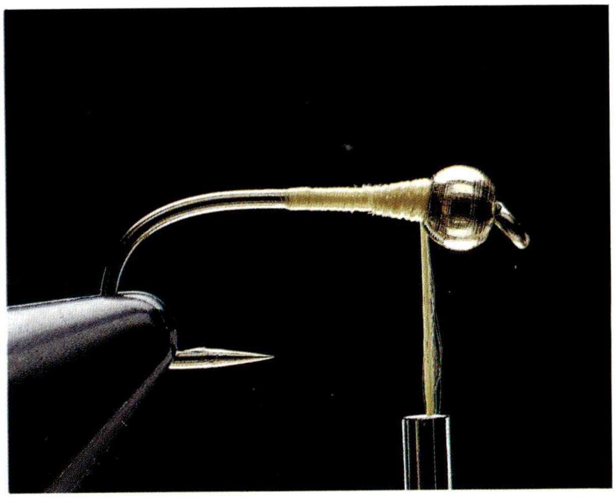

4 Enroulez la soie vers l'avant en bloquant la bille, bien en tête.

Les ribbing en tinsel augmentent l'éclat et la durabilité d'une mouche. En exemple, une mouche noyée Llama (1) ; une mouche sèche March Brown (2) et une oreille de lièvre (3).

RIBBING

Beaucoup d'insectes aquatiques présentent des corps segmentés. Quelques tours de matériaux spéciaux (ribbing) imitent parfaitement cette caractéristique avec tout l'éclat nécessaire et une grande solidité. Le monteur peut laisser aller son imagination, car il n'y a pas de règle définie dans ce domaine.

Les mouches avec des corps en herls de paon ou biots d'oie n'ont pas besoin de matériaux artificiels pour imiter cette segmentation.

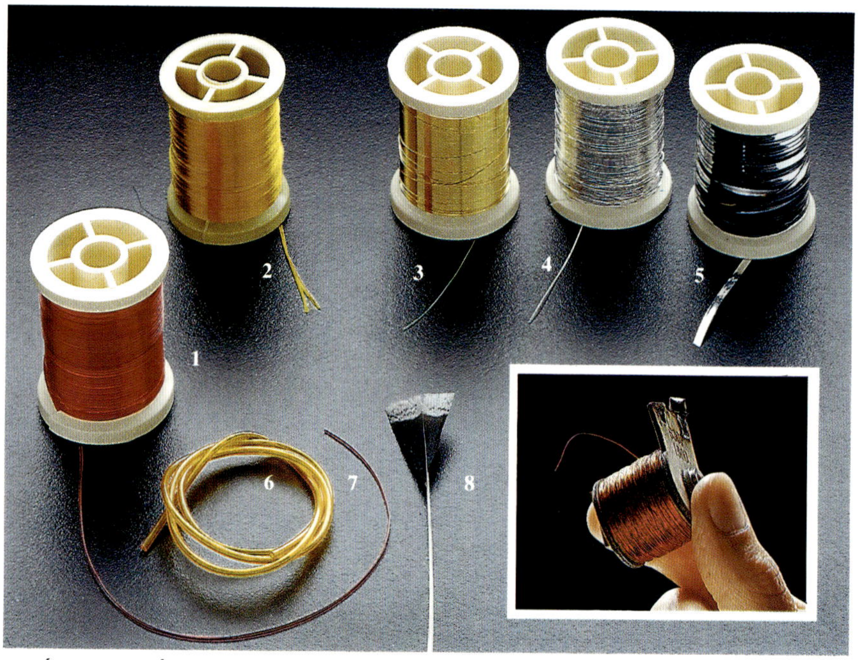

DIFFÉRENTS MATÉRIAUX DE RIBBING : coton (1) ; floss (2) ; tinsel ovale doré et fin (3) ; tinsel argenté et ovale (4) ; tinsel plat en Mylar (5) ; V-Rib (6) ; Larva Lace (7) et plume de tétras (8). Les petits bobinages de cuivre dans les moteurs électriques sont une bonne source de fin fil de cuivre à ribbing.

Comment ajouter le ribbing

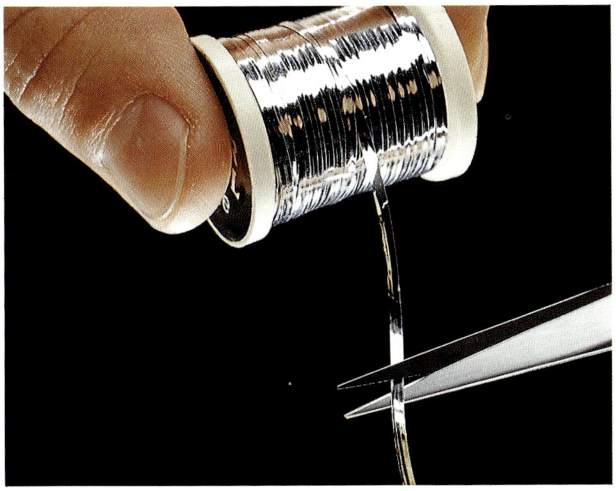

1 Coupez environ 10 centimètres de ruban pour pouvoir fixer, enrouler puis terminer confortablement le ribbing. Le ruban doit impérativement être fixé à l'hameçon avant de faire le corps de la mouche.

2 Fixez le ruban sur le dessus de l'hameçon, à plat, en laissant environ 1 centimètre de libre. Assurez-vous bien de sa solidité par plusieurs tours avec la soie de montage.

3 Repliez le ruban de l'avant vers l'arrière et fixez le tout avec quelques tours de soie de montage. Coupez l'excédent.

4 Ajoutez le corps de la mouche, en chenille par exemple.

5 Enroulez le ruban vers l'avant par-dessus la chenille avec quatre à six tours espacés régulièrement.

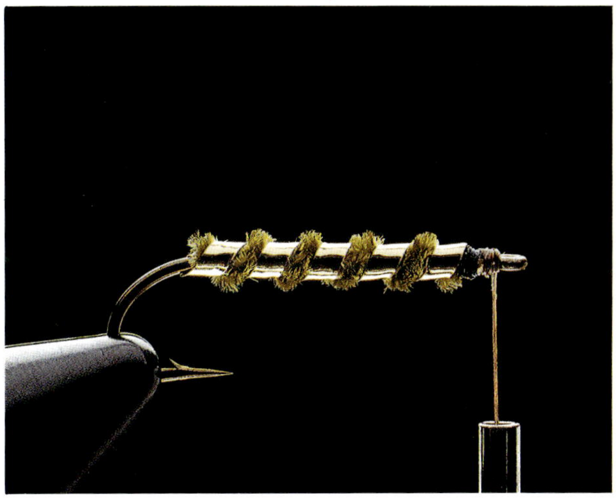

6 Terminez par quelques tours en tête avec la soie de montage, puis continuez la mouche.

DIFFÉRENTS TYPES DE CORPS : floss (1) pour une nymphe Tellico ; poils de daim (2) pour une Goddard Caddis ; quill (3) pour une Borcher Special ; dubbing pour une Light Cahill (4) et une nymphe Possie (5) ; herl (6) pour une Peacock Caddis.

CORPS

La plupart des artificielles ont des corps simples constitués de un ou de deux éléments, mais certaines, comme les streamers ou les mouches noyées, sont beaucoup plus complexes.

Les éléments du corps. Voici les différentes parties qui constituent un corps d'insecte et leur description.

Sac alaire : comme son nom l'indique, il s'agit d'une sorte de poche abritant les futures ailes de l'insecte adulte chez la nymphe.

Abdomen : c'est le corps proprement dit, placé juste après le sac alaire, généralement long et fin.

Thorax : court et assez épais, il est situé à l'avant de l'insecte.

Tag : il s'agit simplement de quelques tours de fil, floss ou tinsel enroulés près de la courbure de l'hameçon.

Butt : quelques tours également près de la courbure de l'hameçon, mais dans un matériau plus épais comme le herl de paon.

Tête : constituée de quelques tours supplémentaires avec la soie de montage, de plumes ou de poils, elle est située le plus près possible de l'œillet.

Yeux : ils apportent souvent une touche supplémentaire de réalisme à une imitation. Il en existe plusieurs types.

- *Yeux "Doll"* : disponibles dans la majorité des bons magasins, ce sont des petites pastilles blanches avec un point noir central que l'on colle tout simplement, la mouche terminée, avec une goutte de colle rapide.

• *Yeux peints* : il est tout à fait possible de réaliser un œil avec simplement une goutte de peinture (p. 75).

• *Yeux en monofilament* : en nouant un court morceau de gros monofilament et en le repliant pour lui donner une forme arrondie, on obtient des yeux très réalistes.

• *Yeux en chaînette* : de petites chaînettes disponibles dans le commerce, constituées d'une succession de petites billes en laiton, sont très populaires chez les monteurs, surtout ceux de streamers.

• *Yeux en verre* : disponibles dans une grande variété de tailles et de couleurs, ils sont fixés directement sur la hampe.

Les différents types de corps. La qualité d'une imitation dépend grandement du corps de l'artificielle et, surtout, de son aspect une fois mouillé. Les matériaux utilisés sont naturels ou synthétiques.

Floss, laine et chenille : le floss, en soie ou synthétique, est utilisé pour former des corps fins, ou comme base pour un corps volumineux. La laine reste un matériau traditionnel, légèrement plus volumineux que le floss. La chenille a une texture bien particulière qui, une fois dans l'eau, imite à la perfection les vibrations d'un animal vivant. La chenille fine est utilisée pour les corps des petites nymphes, la plus grosse pour les streamers, les nymphes volumineuses ou les plugs à black-bass.

Herl : le herl est généralement utilisé pour les mouches sèches, les noyées ou les nymphes. Il est le plus souvent obtenu à partir de la pointe d'une plume de paon et c'est sa brillance naturelle qui est si efficace sur la truite. Il est possible d'utiliser d'autres plumes que le paon, particulièrement si l'on souhaite réaliser des corps volumineux.

Quill : les quills sont obtenus à partir de herls dont on a délicatement éliminé les fibres pour ne conserver que l'axe central. Là encore, on peut employer d'autres plumes que celles de paon, par exemple, celles d'oie ou de poule.

Poils de daim : les poils de daim sont imbattables lorsqu'il s'agit de faire des corps de mouche à black-bass. La technique utilisée pour fabriquer un corps en poils de daim est appelée "spinning". Ce corps permet à la mouche de flotter parfaitement en imitant le corps d'un gros insecte ou d'une petite souris, voire d'une grenouille, ce qui ne laissera pas insensible un brochet ou un black-bass.

Fabrication des corps

LES CORPS des imitations d'éphémères doivent être plus épais au centre de la hampe que vers la courbure.

LES CORPS des imitations de trichoptères sont plus épais vers l'arrière pour que les ailes se posent bien à plat dessus.

PRENEZ une soie de montage de la couleur la plus proche possible de celle du matériau qui a servi pour la fabrication du corps afin de la rendre moins visible.

Cette nymphe Damselfly a un corps en dubbing volumineux.

CORPS EN DUBBING

Avant toute chose, considérez toujours qu'un corps en dubbing de mouche sèche doit être plus fin que celui d'une mouche noyée. En procédant de cette façon, les mouches sèches ne risquent pas de couler et leur apparence reste très près de la réalité. Pour cela, n'hésitez pas à utiliser des matériaux à dubbing comme les poils de lapin ou de rat musqué, très fins.

Les nymphes, elles, sont souvent plus grasses, il est donc nécessaire de réaliser un corps plus volumineux. Pour cela, vous pouvez employer des poils plus épais comme le renard ou le masque de lièvre.

Les fibres synthétiques, ou leur association avec des matériaux naturels, sont aussi utilisées comme dubbing. Cependant, elles ne sont pas faciles à maîtriser pour le monteur débutant, car elles sont plus longues et moins souples.

Des spires de ribbing ajoutent au corps, quelle qu'en soit la matière, un aspect segmenté plus naturel.

Dubbing pour une imitation d'éphémère

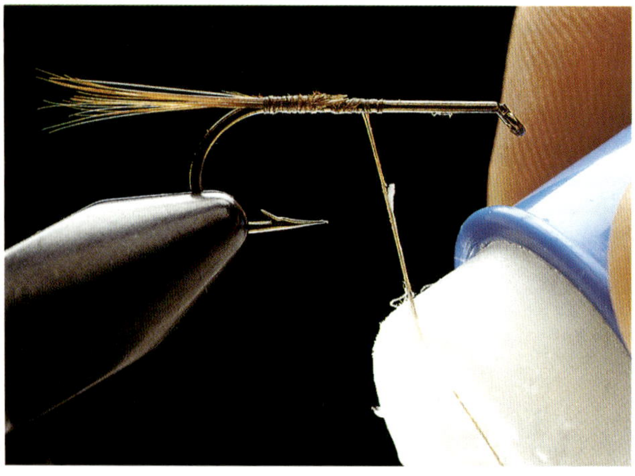

1 Appliquez une couche de poix sur la soie de montage. Même si celle-ci est prépoissée, c'est indispensable si vous souhaitez réaliser une mouche solide et durable.

2 Prenez une petite pincée de matériau à dubbing.

3 Séparez bien les fibres du dubbing.

4 Appliquez quelques fibres sur la soie de montage. Plaquez assez fermement les fibres avec le pouce et l'index.

5 Mettez du dubbing sur environ 10 centimètres de soie de montage. Les trois premiers centimètres doivent être à peine plus gros en diamètre que la soie elle-même. Ajoutez le dubbing progressivement sur toute la longueur.

6 Commencez à enrouler en partant de la courbure de l'hameçon vers l'avant.

7 Continuez à enrouler le dubbing sur la hampe en formant un corps.

8 Revenez légèrement en arrière, vers le milieu de la hampe, et retirez l'excès de dubbing pour continuer le montage des autres éléments de la mouche.

Corps en floss jaune pour cette imitation d'insecte terrestre.

CORPS EN FLOSS, LAINE OU CHENILLE

La plupart des corps de mouches en floss sont réalisés avec du multibrin, mais, pour les petits modèles, vous pouvez employer du floss monobrin.

Les corps en chenille ou laine sont montés de la même façon que ceux en floss.

Comment monter un corps en floss

1 Coupez de 20 à 25 centimètres de floss multibrin.

2 Fixez le floss avec la soie de montage sur la courbure de l'hameçon puis revenez vers l'avant, presque jusqu'à l'œillet.

3 Enroulez le floss vers l'avant.

4 Formez un corps en enroulant le floss sur lui-même vers le tiers supérieur de la hampe.

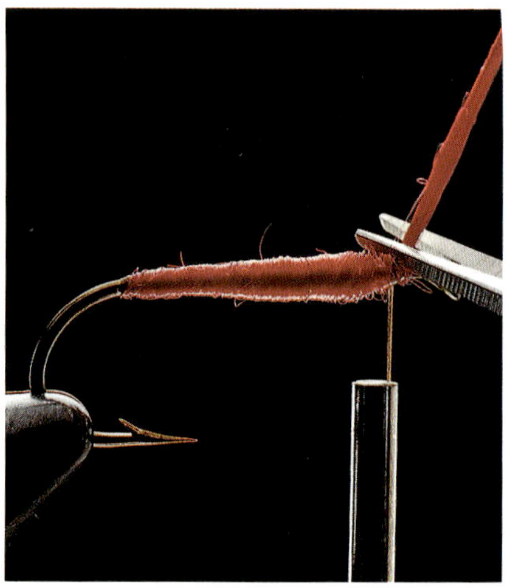

5 Finissez le corps en fixant bien l'ensemble par quelques tours avec la soie de montage.

CORPS EN HERL

Les herls sont couramment utilisés pour faire un corps proprement dit, mais aussi pour faire des palmers ou un support sur lequel on place un autre matériau.

Les herls étant assez fragiles, beaucoup de monteurs ajoutent une bande de ribbing par-dessus.

Corps en herl chez cette nymphe Theo's Danger.

Comment monter un corps en herl

1 Prélevez deux ou trois fibres sur une plume de queue de paon.

2 Fixez les fibres près de la courbure, puis remontez vers l'avant.

3 Prenez l'une des fibres avec la pince à hackle et enroulez-la autour de la hampe. Fixez-la à l'avant avec la soie.

4 Prenez la seconde fibre et faites de même.

5 Répétez l'opération avec la troisième et dernière fibre. Fixez bien avec la soie en tête.

Corps en quill de paon pour cette mouche sèche, une Quill Gordon.

CORPS EN QUILL

L'un des meilleurs matériaux pour faire des corps en quill est obtenu à partir d'un herl de plume de queue de paon. Ces plumes ont en effet une couleur zébrée qui permet d'imiter parfaitement le corps segmenté d'un insecte. Pour séparer les fibres et les polir, faites-le avec les doigts ou la gomme d'un crayon à papier, comme cela est expliqué ci-dessous.

Il est aussi possible d'employer un biot à la place du herl si vous désirez obtenir un corps plus brillant.

Comment monter un corps en quill de paon

1 Prélevez délicatement un herl sur une plume de queue de paon.

2 Placez-le sur une surface dure et éliminez les petites fibres avec la gomme d'un crayon à papier. Attention, si vous appuyez trop, vous risquez de casser le herl.

3 Mouillez la base de la plume pour éviter qu'elle ne glisse lors du montage.

4 Fixez la plume sur le tiers arrière de la hampe et enroulez la soie vers l'avant.

5 Enroulez tout d'abord le quill vers l'arrière, en spirales très larges.

6 Revenez vers l'avant, mais cette fois en spirales serrées pour constituer un corps parfaitement régulier.

7 Terminez en fixant le quill avec la soie de montage. Coupez l'excédent.

8 Il est possible de vernir légèrement le corps pour augmenter la durée de vie de la mouche.

Comment monter un corps en quill de biot

1 Prélevez un biot avec une paire de ciseaux.

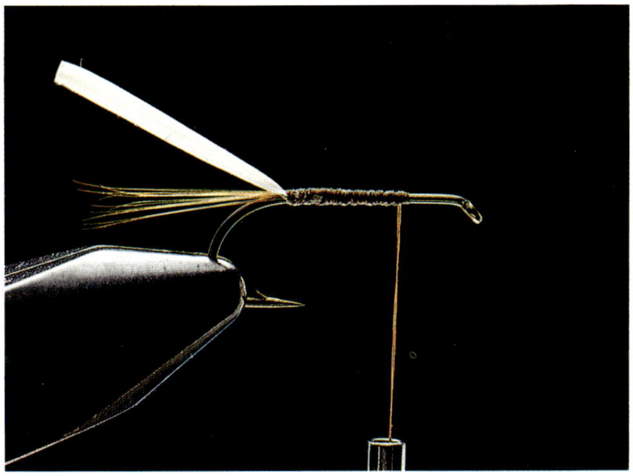

2 Fixez le biot à l'arrière avec la soie de montage, puis revenez vers l'avant.

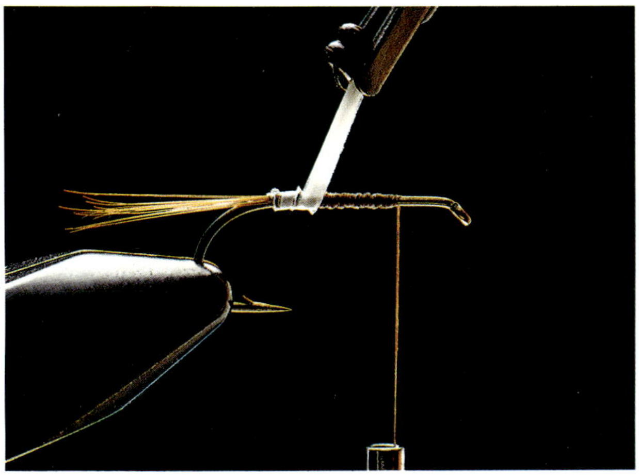

3 Prenez l'extrémité du biot avec une pince à hackle et enroulez-la vers l'avant.

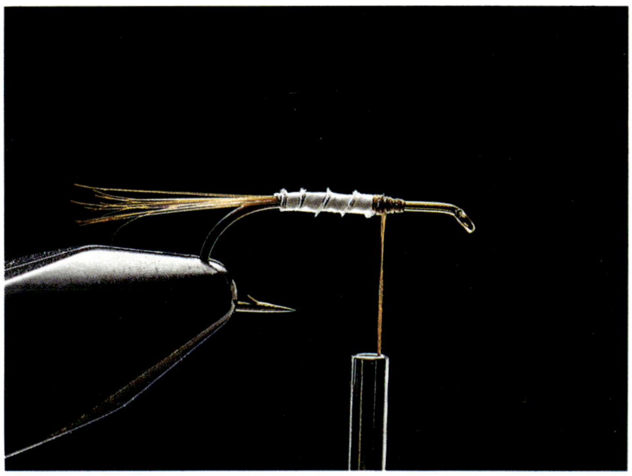

4 Fixez le biot vers l'avant avec la soie de montage et coupez l'excédent. Vernissez si vous le désirez.

Corps d'une mouche à black-bass constitué de poils de daim de différentes couleurs.

CORPS EN POILS DE DAIM

Faire un corps en poils de daim n'est pas très compliqué mais exige une technique bien maîtrisée. Entraînez-vous souvent... en évitant la salle à manger car vous risquez d'y retrouver des poils de daim pendant des mois !

Tout le savoir-faire pour monter un corps en poils de daim tient dans le contrôle de la tension de la soie de montage. N'hésitez pas à prendre des soies très résistantes comme le Monocord ou le Kevlar. Une pince spéciale permettant de maintenir les poils en bonne position (p. 19) est également un instrument indispensable.

Si les mouches à black-bass demandent un corps fourni constitué en fait de plusieurs touffes de poils de daim associées, les mouches sèches classiques n'ont besoin que d'une pincée de poils.

Les poils de daim sont disponibles dans le commerce dans une grande variété de couleurs, ce qui permet de réaliser des corps multicolores très attractifs.

Comment monter un corps en poils de daim

1 Prélevez la pointe des poils de daim. N'en prenez pas trop à la fois, même si vous voulez réaliser un corps volumineux.

2 Éliminez les derniers poils "cotonneux" avec une aiguille.

3 Coupez la pointe des poils.

4 Maintenez les poils par leur pointe et placez-les au-dessus de la hampe. Faites quelques boucles lâches pour maintenir l'ensemble.

5 Tirez la soie vers le bas, les poils se mettent instantanément en éventail. Faites plusieurs tours avec la soie de montage pour fixer les poils.

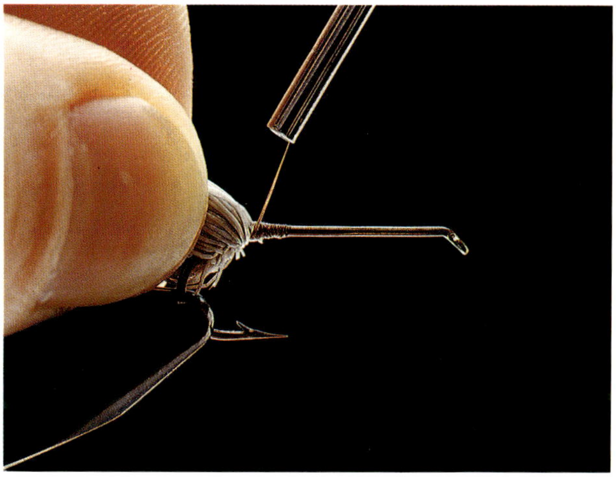

6 Prenez les poils entre le pouce et l'index et maintenez-les vers l'arrière. Faites plusieurs tours avec la soie de montage.

7 Maintenez les poils vers l'arrière grâce à la pince spéciale. Cela facilitera la confection d'un corps dense et homogène, facile à sculpter.

8 Rajoutez le nombre de touffes de poils nécessaire pour constituer le corps (entre trois et sept). Terminez par un nœud final très solide (p. 71).

9 Façonnez le corps à la forme appropriée avec des ciseaux ou une lame de rasoir.

DIFFÉRENTS TYPES D'AILES : en poils pour une White Wulff (1) ; plume de canard pour une Dark Hendrickson (2) ; quill pour une Black Gnat (3) ; hackle pour une Adams (4) ; poils pour une Elk Hair Caddis (5) ; quill à plat pour une March Brown (6) ; montage parachute pour une Light Cahill (7).

AILES

Les ailes sont indispensables dans la parfaite imitation d'un insecte. Elles sont également un élément de visibilité accrue pour le pêcheur à la mouche sèche. Pour les noyées ou les streamers, elles ajoutent surtout une pointe supplémentaire de couleur.

Parfois, quelques matériaux de couleurs contrastées sont rajoutés aux ailes, soit dessus, soit dessous, soit encore sur les côtés. C'est souvent le cas pour les streamers et les mouches noyées.

La taille des ailes est très importante. Trop grandes, elles affectent l'équilibre général de la mouche, trop petites, elles ne rendent pas la silhouette crédible.

Astuces pour monter des ailes

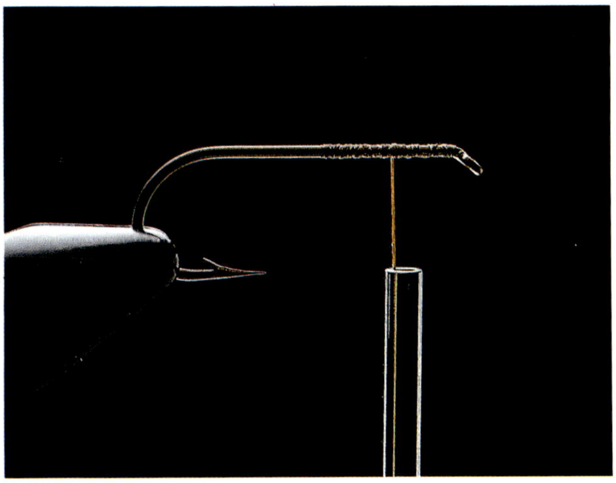

ENROULEZ la soie de montage sur la hampe pour former un support sur lequel seront montées les ailes.

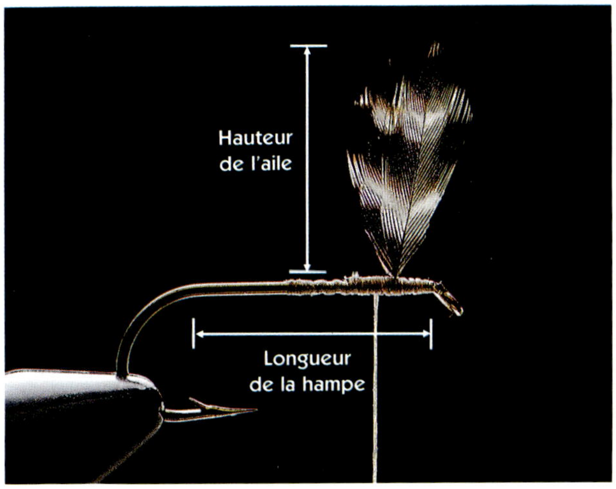

LA LONGUEUR des ailes doit être la même que celle de la hampe.

IL EST POSSIBLE de se servir des matériaux utilisés pour les ailes pour faire un corps volumineux.

SI VOUS PRENEZ des quills de plumes de canard, prévoyez que les fibres vont se serrer lorsque vous les fixerez avec la soie de montage. Le quill de bas doit être une fois et demie plus grand environ.

Les différents types d'ailes

Ailes de mouches sèches. Ce sont celles qui imitent le mieux les ailes des éphémères ou des moucherons. Les ailes sont montées de telle sorte qu'elles forment un axe de 45° par rapport à un axe vertical.

Ailes de spent. Montées sur le même principe que les précédentes, elles forment un angle de 90°, de telle façon qu'elles reposent à plat sur l'eau pour imiter un insecte mort.

Ailes de trichoptères ou de plécoptères. Ces ailes sont montées de telle façon qu'elles se retrouvent à plat ou couvrant le corps de la mouche. Cette technique est employée pour les imitations de mouches sèches comme les trichoptères ou les plécoptères, mais aussi pour les noyées ou les streamers.

Montage "parachute". Ce procédé, assez récent, est utilisé uniquement pour les mouches sèches. Le hackle est enroulé sur un axe, à l'horizontale et non pas à la verticale. La mouche se pose ainsi en douceur et de façon parfaite sur l'eau. C'est un montage très efficace mais qui réclame une certaine expérience. Mieux vaut d'abord se faire la main avec des montages plus traditionnels.

Ces divers types d'ailes peuvent être montés avec de nombreux matériaux et des techniques différentes.

Ailes en plume de flanc de canard pour cette Hendrickson.

AILES DE MOUCHE SÈCHE EN PLUME DE FLANC DE CANARD

Les stries naturelles des plumes situées sur les flancs du canard en font un matériau idéal pour la confection d'ailes d'éphémères. Une fois montées, elles donnent vraiment l'impression qu'elles vont se mettre à battre.

Il est possible d'utiliser d'autres plumes de flanc d'oiseau, à condition qu'elles soient rayées.

Comment monter des ailes de mouche sèche en plume de flanc de canard

1 Sélectionnez une plume large et éliminez les fibres situées à la base.

2 Maintenez la plume en prenant les fibres à la base.

3 Mesurez la bonne longueur sur la hampe.

4 Placez la plume sur le tiers avant. Fixez par quelques boucles souples en laissant de la place entre les ailes et l'œillet pour monter le hackle.

5 Enroulez la soie de montage vers l'arrière et éliminez l'excédent. Revenez ensuite vers l'avant.

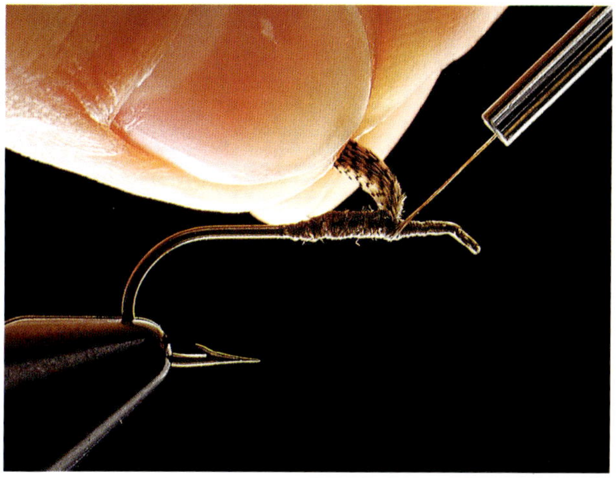

6 Dressez les ailes en les maintenant entre le pouce et l'index. Faites plusieurs tours avec la soie de montage autour de la hampe et devant les ailes.

7 Séparez les fibres en deux parts égales avec une aiguille ou une pointe de ciseaux.

8 Passez entre les ailes avec la soie de montage d'avant en arrière et de façon croisée autour de la hampe.

9 Passez sous l'hameçon en formant un huit avec la soie de montage.

10 Faites un tour complet autour de chaque aile (en commençant par la plus éloignée de vous) avec la soie de montage.

11 Terminez par plusieurs tours avec la soie autour de la hampe en allant vers l'arrière.

Ailes en poils chez cette Royal Humpy.

AILES EN POILS POUR MOUCHE SÈCHE DE TYPE ÉPHÉMÈRE

On monte les ailes en poil de la même façon que celles en plume de flanc de canard. Généralement, ce sont les poils de daim, veau ou élan qui sont employés. Ils ont l'avantage de former des ailes solides, augmentant de façon sensible la flottabilité et la visibilité de la mouche.

Comment monter des ailes en poils pour une imitation d'éphémère

1 Prélevez une petite touffe de poils et placez-la dans un égaliseur de poils, pointe en avant.

2 Tapez l'ensemble sur une surface dure et retirez les poils parfaitement alignés délicatement.

3 Prenez les poils par la base et mesurez leur longueur par rapport à la hampe.

4 Pointe vers l'avant, fixez les poils vers l'avant avec plusieurs boucles de soie de montage.

5 Coupez en biseau les poils à la base et recouvrez-les par plusieurs tours de soie de montage.

6 Redressez les ailes et procédez ensuite de la même façon que pour des ailes en plume de flanc de canard.

AILES EN POILS POUR MOUCHE SÈCHE DE TYPE TRICHOPTÈRE

Chez les trichoptères, les ailes typiques sont légèrement plus courtes que chez les éphémères une fois montées. Cependant, comme elles sont couchées sur le corps de la mouche, il convient de prendre, comme longueur de base la même que précédemment, c'est-à-dire la hampe de l'hameçon.

Ailes en poils pour cette Elk-hair Caddis.

Comment monter des ailes en poils pour une imitation de trichoptère

1 Confectionnez d'abord le corps de la mouche, en laissant environ la grandeur d'un œillet de tête. Enroulez, sur cette partie, la soie de montage pour constituer la base des ailes.

2 Prenez une petite touffe de poils par la base, de la longueur de la hampe. Retournez-les pour que la pointe se trouve au niveau de la courbure.

3 Faites un tour, avec le fil de soie sur les poils uniquement, sans prendre l'hameçon. Puis, un second, cette fois-ci avec l'hameçon.

4 Fixez les poils en tête par plusieurs tours avec la soie de montage en évitant qu'ils ne glissent sur les côtés de la mouche. Terminez par un solide nœud final et coupez la soie.

5 Coupez les poils vers l'avant en formant une sorte de petite tête. Pour consolider l'ensemble, mettez une goutte de colle rapide.

Ailes en quill pour cette Black Gnat.

AILES EN QUILL POUR MOUCHE SÈCHE DE TYPE ÉPHÉMÈRE

Pour ce type d'ailes, on utilisera des quills en plumes symétriques prélevées chacune sur les ailes d'un oiseau. Ces quills seront fixés avant même de faire le corps de la mouche. Les quills peuvent avoir tendance à se séparer lorsque vous voudrez les fixer, mais, si vous les maintenez bien pendant toute l'opération, les petites barbules, entre les fibres suffiront à les maintenir homogènes. Vous pouvez aussi les enduire d'une fine couche de vernis avant le montage.

Comment monter des ailes en quill pour une imitation d'éphémère

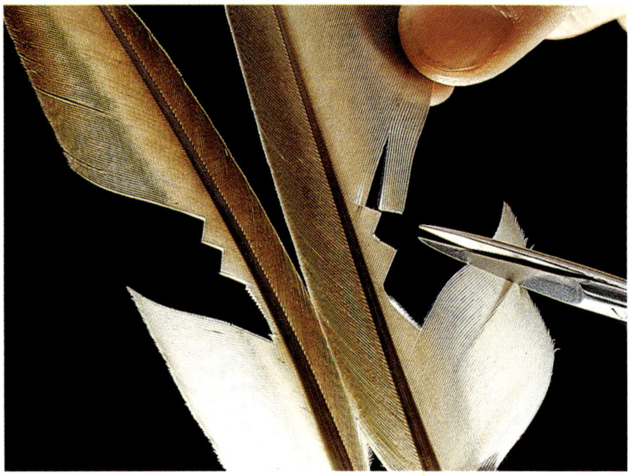

1 Sélectionnez des plumes symétriques et prélevez des segments au même niveau.

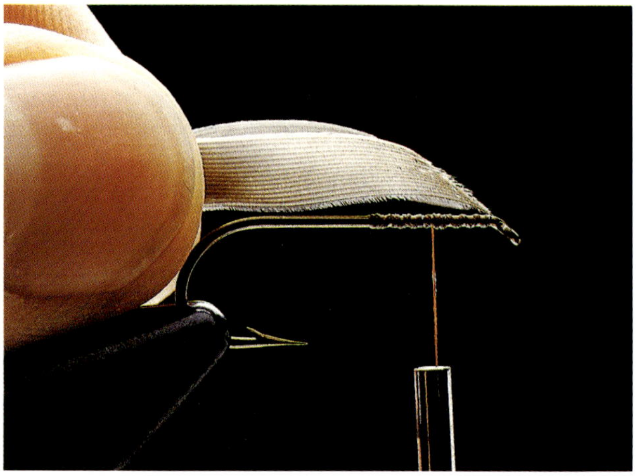

2 Placez les segments face à face, les pointes bien alignées. Prenez la mesure de la longueur de la hampe.

3 Placez les segments sur la hampe, le côté courbe vers le haut et pointe en avant. Fixez avec la soie de montage par plusieurs boucles souples. Coupez l'excédent et consolidez par quelques tours de soie complémentaires.

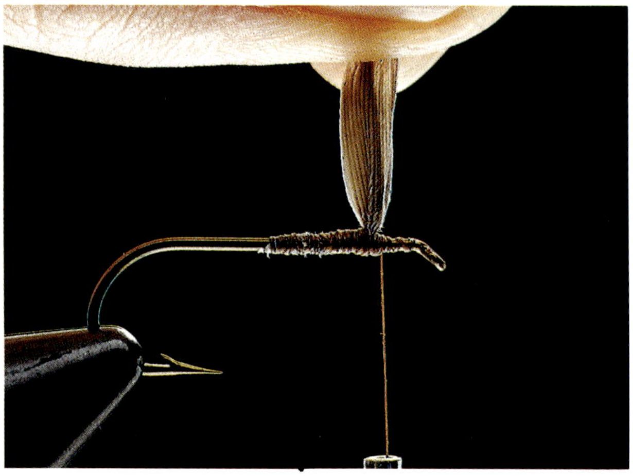

4 Maintenez les ailes vers le haut avec quelques tours de soie devant celles-ci.

AILES EN QUILL POUR MOUCHE SÈCHE DE TYPE TRICHOPTÈRE

Pour ce type d'imitation, le corps est monté avant les ailes et un seul segment est nécessaire pour monter les ailes.

On peut, dans certains modèles, en utiliser deux, comme par exemple pour la Henryville Caddis (à droite). Dans ce cas, un deuxième segment est simplement fixé sur le précédent.

Ailes en quill chez cette Henryville Caddis.

Comment monter des ailes en quill pour une imitation de trichoptère

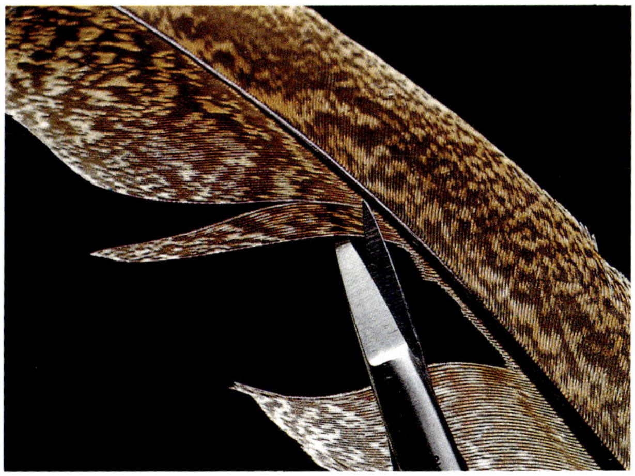

1 Prélevez un segment d'à peine 1 centimètre de large sur une plume d'aile d'oiseau.

2 Placez le (ou les) quille (s) sur la hampe, pointe vers l'arrière. Fixez par plusieurs boucles souples et coupez l'excédent.

3 Prenez délicatement la pointe du quill et faites la forme en toit caractéristique des ailes de trichoptères.

4 Coupez la pointe pour que les ailes soient légèrement plus longues que la hampe et forment une sorte de "V".

Cette imitation de moustique est montée avec des pointes de hackle Grizzly.

AILES EN POINTE DE HACKLE POUR MOUCHE SÈCHE DE TYPE ÉPHÉMÈRE

Ce type d'artificielle est monté avec la pointe d'un hackle. Cela lui confère des ailes très réalistes, mais sans poids supplémentaire.

Traditionnellement, on choisit des plumes de cou de coq, mais leur pointe est souvent trop étroite. C'est pourquoi certains monteurs préfèrent utiliser aujourd'hui des plumes de poule, plus larges et plus rondes.

Comment monter des ailes en pointe de hackle

1 Sélectionnez deux plumes de taille moyenne et alignez-les en les maintenant par la base.

2 Prenez la mesure sur la hampe de l'hameçon, puis éliminez les fibres à la base de la plume.

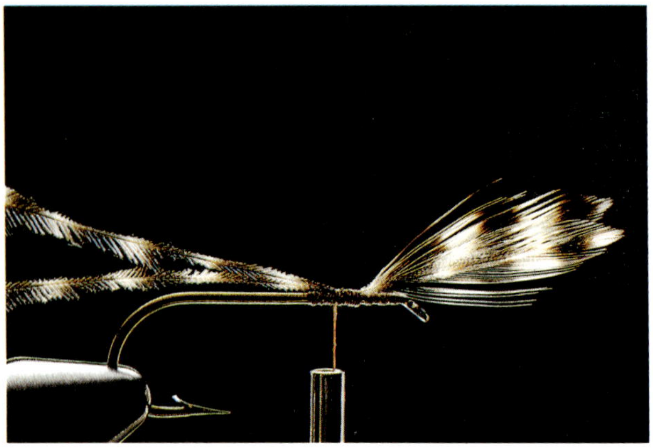

3 Placez les plumes sur la hampe, pointe en avant, et fixez par quelques tours avec la soie de montage.

4 Redresser les ailes (p.57). Enroulez la soie vers l'arrière jusqu'à la courbure.

AILES DE TYPE PARACHUTE

Le montage dit en parachute donne des mouches au profil et au comportement uniques. Le hackle est enroulé à l'horizontale, ce qui confère une excellente flottabilité à l'artificielle, un peu comme une émergente d'éphémère.

On peut employer beaucoup de matériaux différents, comme des plumes de flanc de canard, des pointes de hackle, des poils divers ou des fibres synthétiques. En choisissant des matériaux comme le Poly-Yarn blanc ou orange, on augmente la visibilité de la mouche pour "le coup du soir" ou lorsque les conditions lumineuses sont difficiles.

Aile parachute pour cette Pink Lady.

Comment monter des ailes de type parachute

1 Sélectionnez une petite pincée de fibres. Prenez la mesure sur la longueur de la hampe.

2 Fixez les fibres, pointes vers l'avant. Coupez la base en recouvrant solidement de soie de montage.

3 Maintenez les ailes vers le haut en effectuant plusieurs tours sur la hampe et vers l'avant.

4 Enroulez la soie à la base des ailes, à l'horizontale, pour former une base solide sur laquelle s'enroulera le hackle. Procédez ensuite comme en page 69.

DIFFÉRENTS TYPES DE HACKLES : palmer pour cette Wooly Worm (1) ; parachute pour cette Light Cahill (2) ; noyée pour cette oreille de lièvre (3) ; sèche pour cette Brown Bivisible (4).

HACKLES

Les hackles donnent vie à une artificielle. Ils sont utilisés aussi bien pour imiter des pattes, des ailes ou les fibres qui recouvrent le corps d'un insecte.

Différents types de hackles

Hackles pour mouches sèches : ils sont réalisés à partir des plumes les plus rigides d'un cou de coq. Ils forment la collerette caractéristique des mouches sèches qui leur donne une bonne tenue sur l'eau.

Hackles pour mouches noyées : pour ce type de mouches, on prend des plumes plus souples et plus absorbantes, telles que les plumes de cou de poule ou de faisan.

Les hackles de mouches noyées sont préparés de telle façon que toutes les fibres se retrouvent du même côté (voir page suivante). Parfois, les hackles sont aussi employés pour former des sortes de pattes sous le corps de la mouche. Dans ce cas, on retire les fibres de pointe.

Hackles pour palmers : ce type de hackles assure une excellente flottaison aux palmers, sans les alourdir. Les plumes de cou de coq sont plutôt utilisées pour faire flotter haut l'artificielle, alors que celles de poule ajoutent une sensation de vie aux mouches noyées ou aux nymphes.

Hackles pour montage parachute : les artificielles montées en parachute flottent plus bas sur l'eau. Elles restent à plat sur l'eau, à moitié immergées. L'efficacité de ce type de montage incite beaucoup de monteurs à le généraliser pour de nombreux modèles de mouches sèches. Pour un montage parachute, il faut choisir des plumes de cou de coq rigides, comme on le ferait pour des mouches sèches classiques.

Comment mesurer un hackle

AVEC L'HAMEÇON. On peut mesurer la bonne longueur du hackle en la comparant avec celle de la hampe de l'hameçon en tenant la plume comme ci-dessus. On prendra comme règle que les mouches sèches ou parachutes nécessitent un hackle d'environ les trois quarts de la longueur de la hampe, les noyées la totalité. Attention ! ne coupez jamais la pointe des fibres du hackle pour ajuster la longueur.

AVEC UNE ÉCHELLE À HACKLE. C'est un petit gadget facile d'emploi et peu onéreux. On courbe la plume sur un axe, et il suffit ensuite de lire sur une échelle graduée la taille d'hameçon nécessaire. Pour les mouches noyées, il est bon de choisir des hackles un peu plus longs qu'indiqués par l'échelle.

Comment préparer un hackle

RETIREZ les fibres de base, souples. Coupez en laissant environ 1 centimètre de tige nue.

Comment utiliser une pince à hackle

PINCEZ l'extrémité de la plume dans la pince, bien dans l'axe. Si on la pince en biais, les risques de casse sont importants. Enroulez le hackle avec un angle de 90° par rapport à la hampe de l'hameçon, sans forcer.

Préparation d'un hackle pour mouche noyée

1 Choisissez une plume d'aile de poule ou de faisan assez large. Séparez les fibres en les tirant entre deux doigts vers l'arrière.

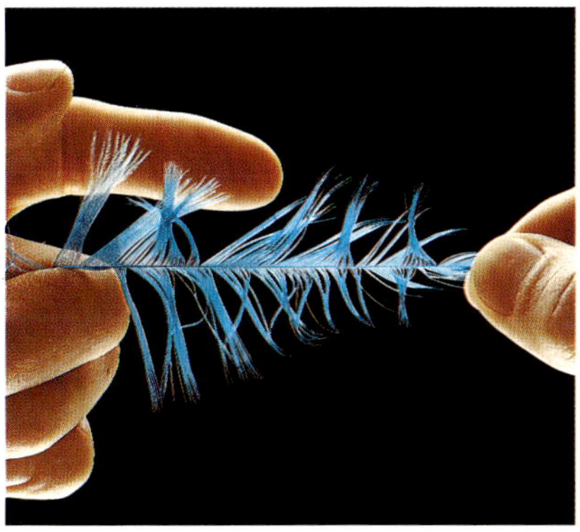

2 Prenez la pointe de la plume dans la main droite et la base dans la gauche comme ci-dessus.

3 Placez les fibres du même côté en les passant entre le pouce et l'index.

Hackles droits et rigides formant le corps de cette Brown Bivisible.

HACKLES DE MOUCHE SÈCHE

Le hackle de mouche sèche est enroulé en cercle autour de la hampe de l'hameçon. Les fibres forment alors une collerette imitant les ailes d'un insecte.

Sur la plupart des mouches sèches, le hackle mesure environ les trois quarts de la longueur de la hampe de l'hameçon.

Comment monter un hackle de mouche sèche

1 Sélectionnez deux plumes de cou de coq coupées à la bonne longueur et ébarbées à la base. Alignez la pointe des hackles, côté brillant vers soi. Placez-les sur le côté de la hampe et fixez-les à la base avec un angle de 30°.

2 Fixez bien la base par plusieurs tours avec la soie de montage devant et derrière les ailes. Coupez l'excédent.

3 Pincez l'extrémité du hackle avec la pince puis commencez l'enroulement.

4 Faires plusieurs tours derrière les ailes, puis devant. Fixez la pointe du hackle par quelques tours avec la soie de montage.

5 Prenez le second hackle et enroulez-le sur le premier en zigzag pour éviter de coucher les fibres. Fixez avec la soie de montage et coupez l'excédent.

HACKLES DE MOUCHE NOYÉE

Les hackles de mouche noyée doivent être préparés avant d'être montés (p. 65). Ainsi, les fibres se couchent vers l'arrière de façon très hydrodynamique.

Les hackles de mouche noyée doivent être légèrement plus longs que ceux d'une mouche sèche, environ la longueur de la hampe une fois montés.

Hackle noir recouvrant parfaitement le corps de cette Hen and Brown.

Comment monter un hackle de mouche noyée

1 Sélectionnez une plume assez large et retirez-en le duvet. Ce dernier absorbe l'eau et fait couler l'artificielle.

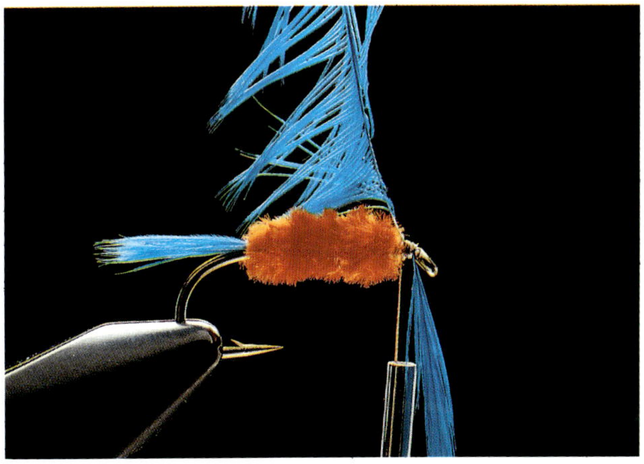

2 Préparez le hackle puis fixez-le devant le corps. Fixer par quelques tours avec la soie de montage et coupez l'excédent.

3 Enroulez le hackle en maintenant les fibres vers l'arrière.

4 Enroulez encore deux fois en maintenant à chaque fois les fibres vers l'arrière. Fixez avec la soie de montage puis coupez l'excédent.

Hackle Grizzly sur corps en herl de paon pour cette Griffith's Gnat.

HACKLES DE PALMER

Les hackles de palmer sont enroulés en spirale sur le corps en floss, en chenille ou en dubbing de l'artificielle. Ils doivent être de la même taille que ceux utilisés pour les mouches sèches, voire plus courts.

Certains monteurs enroulent ensuite en plus du fil de cuivre pour consolider l'ensemble.

Comment monter un hackle de palmer

1 Sélectionnez une plume comme on le ferait pour une mouche sèche classique.

2 Placez le hackle le long de la hampe au niveau de la courbure. Fixez par quelques tours avec la soie de montage. Couper l'excédent.

3 Montez le corps de l'artificielle et revenez vers l'avant avec la soie de montage pour le fixer.

4 Enroulez le hackle vers l'avant en spirale et par-dessus le corps avec la pince à hackle.

5 Fixez à l'avant par plusieurs tours avec la soie de montage, puis coupez l'excédent en dégageant bien l'œillet.

HACKLES PARACHUTES

Hackle parachute pour cette Light Cahill.

Dans un montage parachute, le hackle est enroulé à l'horizontale sur une aile verticale en fibres synthétiques.

Bien que la plume soit de la même longueur que pour une mouche sèche classique, on utilisera un seul hackle au lieu de deux.

Comment monter un hackle parachute

1 Montez une aile de type parachute (p. 63). Sélectionnez une plume identique à celle d'une mouche sèche.

2 Placez le hackle contre la hampe à la base de l'aile et fixez-le, côté brillant vers vous.

3 Prenez le hackle avec la pince et faites trois tours sur la base de l'aile pour former une collerette horizontale.

4 Maintenez légèrement le hackle avec les doigts pour fixer la pointe de la plume sans prendre la collerette avec la soie de montage. Fixez et coupez l'excédent.

NŒUD FINAL

Avant de couper la soie de montage et terminer ainsi la mouche, il faut réaliser un nœud très solide. Deux solutions sont possibles : soit avec les doigts, soit en utilisant un outil spécifique. Les nœuds réalisés avec ce dernier sont généralement plus solides, mais le tour de main est plus difficile à acquérir.
Une fois bien maîtrisé, le nœud est également plus solide.

Comment réaliser un nœud final avec les doigts

1 Maintenez la bobine avec la main gauche en laissant pendre une vingtaine de centimètres de soie. Placez l'index et le majeur de la main droite sur la soie.

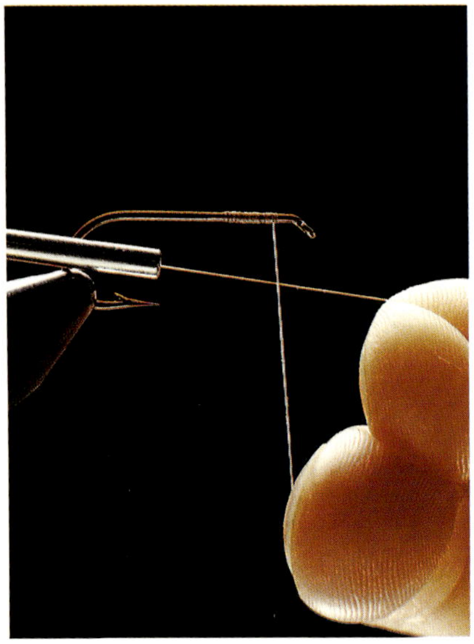

2 Formez une boucle en tournant autour des doigts avec la bobine, maintenue à l'horizontale.

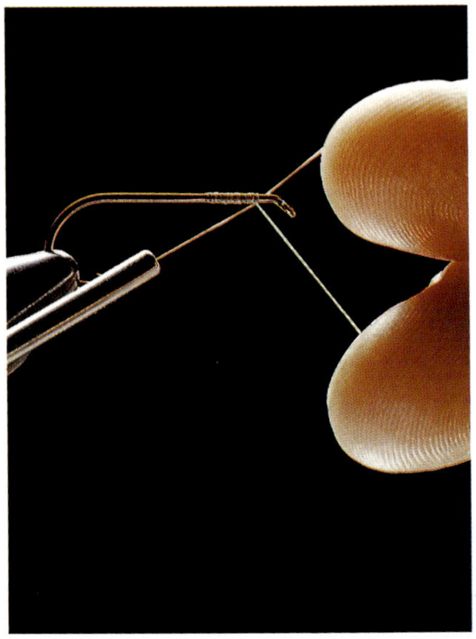

3 Vrillez la boucle en passant sous l'œillet de l'hameçon. Retirer le majeur délicatement sans provoquer de mou.

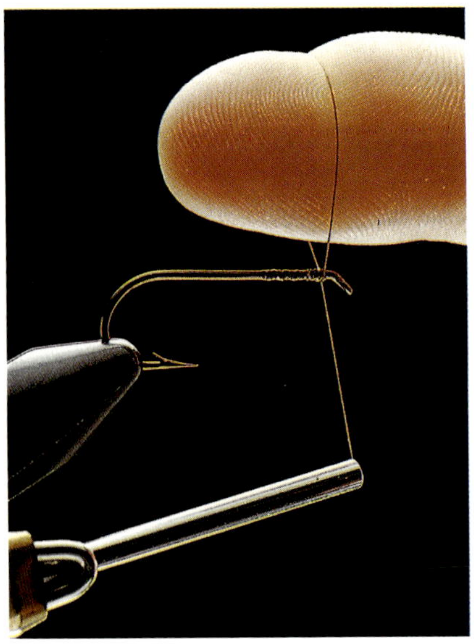

4 Serrez la boucle sur le dessus de l'hameçon en retirant doucement l'index.

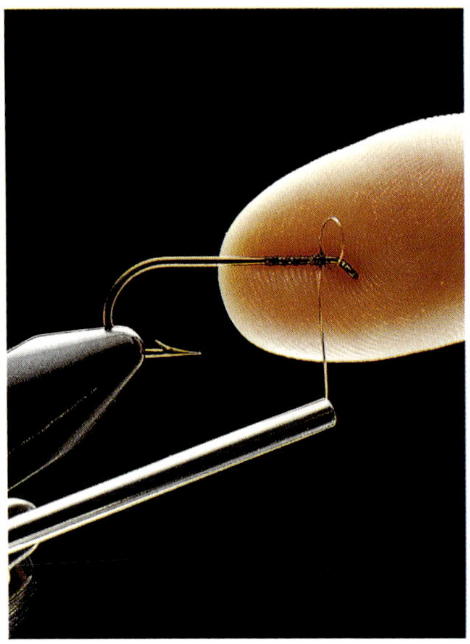

5 Resserrez doucement la boucle et coupez la soie de montage.

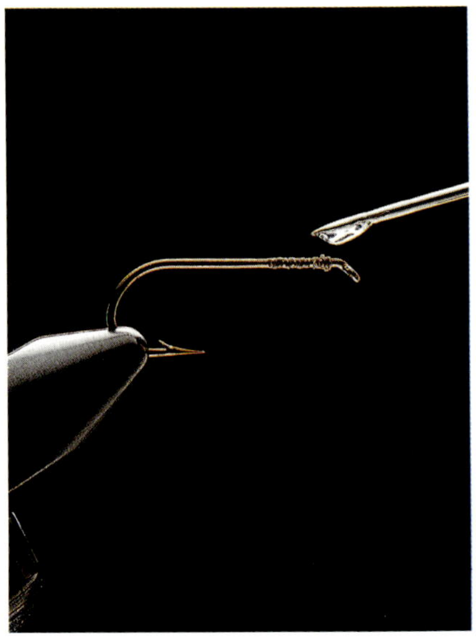

6 Consolidez le nœud par une goutte de colle rapide.

Comment réaliser un nœud final avec outil

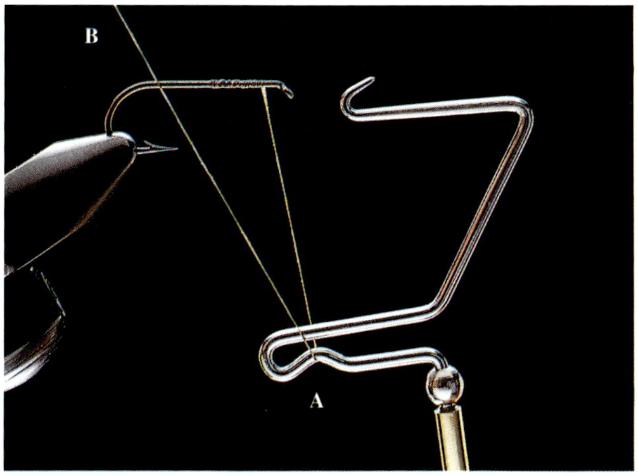

1 Tenez la bobine dans la main gauche en laissant pendre une vingtaine de centimètres de soie de montage. Placer la partie courbe de l'outil (A) sur la soie en maintenant la bobine en position B.

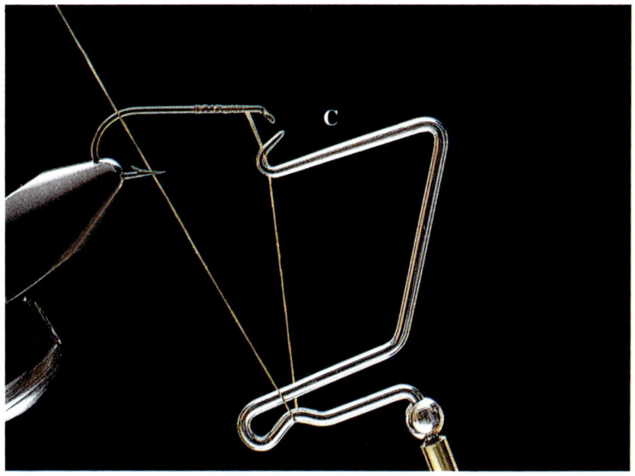

2 Crochetez la soie comme cela est montré en C.

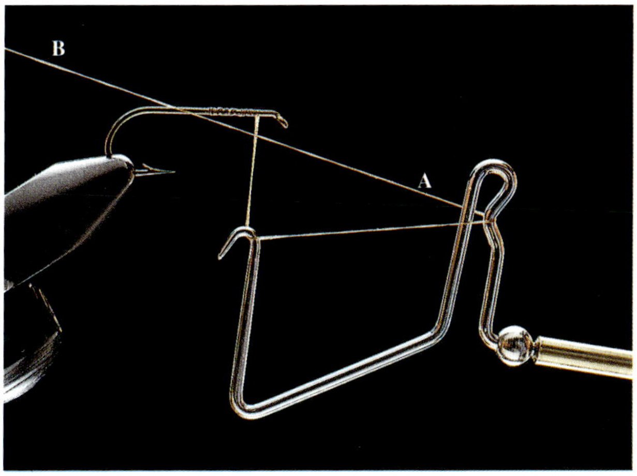

3 Tournez l'outil vers la droite dans une rotation de 180° en maintenant la soie bien tendue. Cette dernière doit être presque parallèle à la hampe (A vers B).

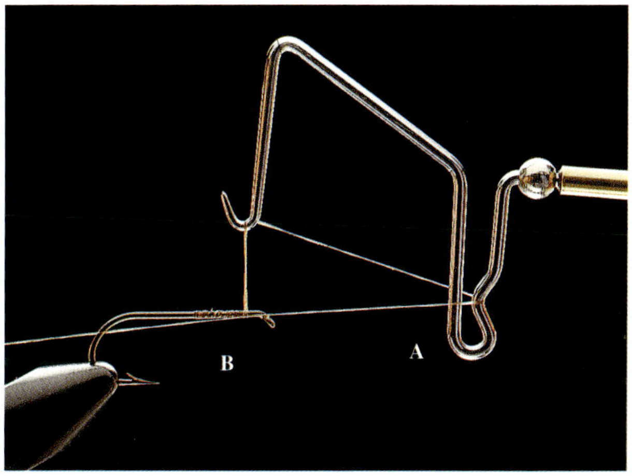

4 Tournez autour de la hampe quatre ou cinq fois (A vers B).

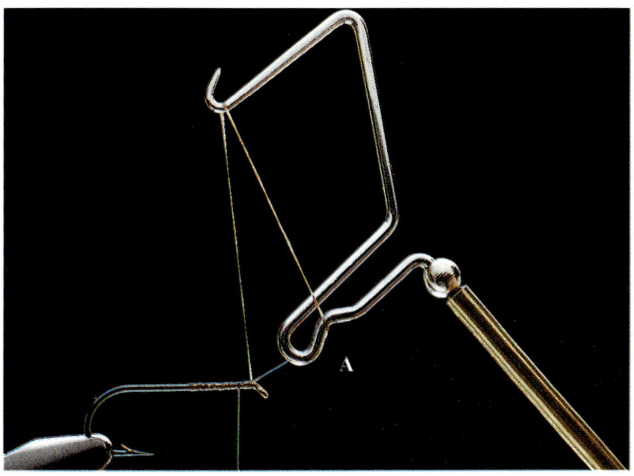

5 Redressez le tout pour libérer la soie en A sans relâcher la tension.

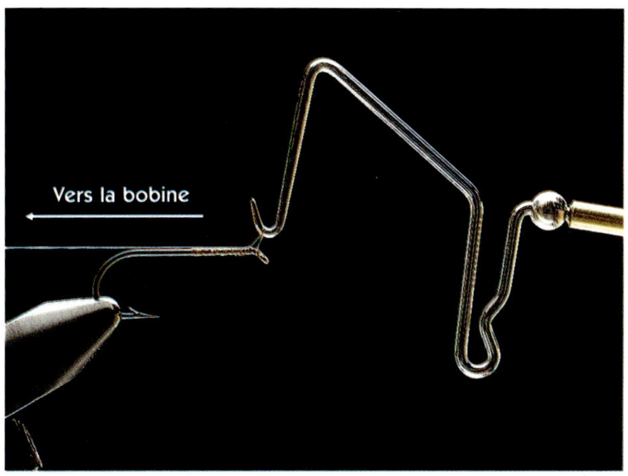

6 Tirez légèrement avec la bobine pour réduire la boucle. Retirez délicatement l'outil et serrez. Coupez l'excédent et consolidez à la colle rapide.

LES DIFFÉRENTS TYPES DE MOUCHES

Maintenant que vous connaissez la façon de monter les principaux éléments d'une artificielle (cerques, corps, ailes et hackle), il reste à les associer pour obtenir une mouche finie. Avant tout, vous devez apprendre à lire un principe de montage.

N'importe quel cuisinier vous dira que, dans une recette, le premier ingrédient est celui qui permet de débuter le plat. Eh bien, c'est la même chose en ce qui concerne le montage des mouches !

Ainsi, dans ce livre, on commence par la description de l'hameçon, avec la taille la plus couramment employée pour le modèle de mouche souhaité, et le type le mieux adapté avec la marque, bien que d'autres similaires puissent être utilisés. Ensuite vient la soie de montage avec son diamètre et sa couleur. La recette comporte ensuite les ailes, les cerques, le corps et le hackle dans l'ordre de montage.

Principe de montage pour une Adams

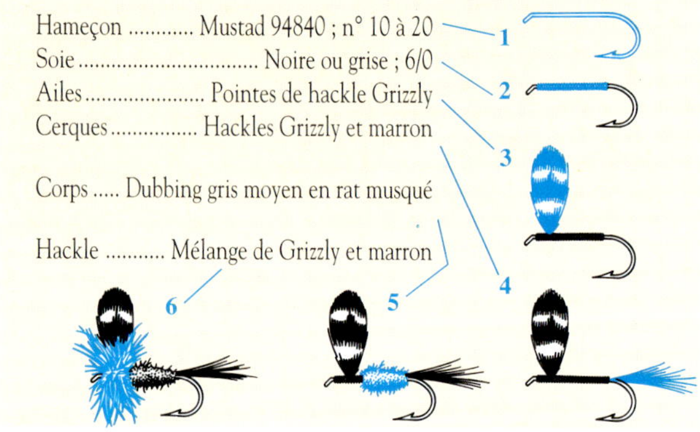

Dans ce chapitre, nous allons vous apprendre à monter cinq mouches de base : streamer, nymphe, sèche, noyée et mouche à black-bass. Après chacune d'entre elles, nous vous donnerons les principes de montage de plusieurs artificielles du même type.

N'oubliez pas que les mouches les plus efficaces peuvent être montées sur plusieurs principes. Ainsi, vous trouverez une March Brown sous ses versions sèche, noyée et nymphe. Les matériaux peuvent également varier selon les régions, mais le principe reste toujours le même. Ainsi une Light Cahill, en mouche noyée, peut être montée avec des plumes de flanc de canard ou des hackles de cou de coq alors qu'en sèche on pourra utiliser le montage parachute avec des poils ou des fibres synthétiques.

STREAMERS

Les streamers sont destinés à imiter un alevin plutôt qu'un insecte. Ils sont généralement montés avec des hackles couchés vers l'arrière, mais les très populaires "bucktail" sont montés en poils, ce qui leur donne une excellente solidité.

Les deux sont très efficaces pour le saumon, la truite, la steelhead, le black-bass et même le brochet.

Certains modèles de streamers imitent presque à la perfection des alevins. D'autres, souvent très colorés, excitent plus le réflexe d'attaque du poisson.

Les streamers sont souvent montés sur des hameçons à longue hampe, ce qui permet de mieux imiter le corps allongé d'un alevin. Ils sont fréquemment alourdis par du fil de plomb enroulé sur la hampe pour pêcher profond.

Les streamers permettent de pêcher dans le courant ou à contre-courant, voire en travers du courant, et demandent à être animés avec la pointe de la canne ou par la main qui ramène la soie.

Astuces pour monter un streamer

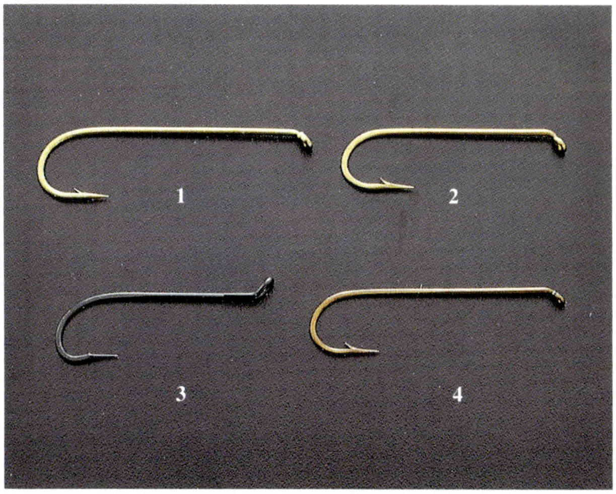

HAMEÇONS les plus utilisés : TMC 5263 (1) ; Mustad 9672 (2) ; 9049X (3) ; 79580 (4).

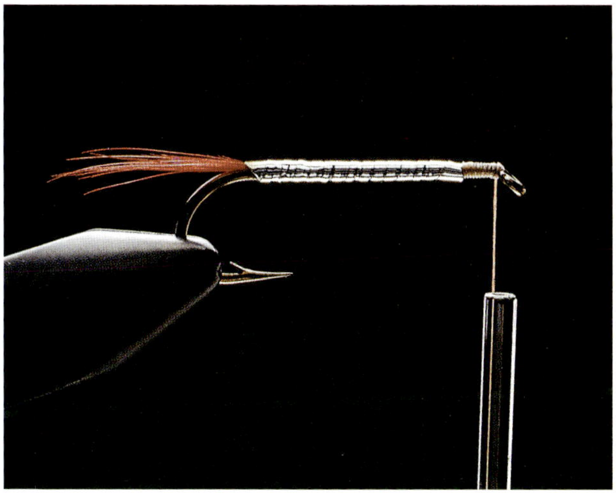

FAITES une tête avec la soie de montage, juste derrière l'œillet de l'hameçon. Cela évite également, sur les hameçons dont l'œillet n'est pas parfaitement fermé, que la mouche ne se défasse après une prise.

APRÈS AVOIR PEINT un œil en tête, trempez-le dans un vernis transparent. Pensez-bien ensuite à dégager l'œillet pour passer le fil.

Le monteur débutant a tout intérêt à commencer par le montage d'un streamer. Sa taille importante et sa relative simplicité de montage sont toutes indiquées.

De nombreux monteurs pensent qu'un œil ajoute à l'efficacité de leur streamer. Pour cela, il suffit de peindre la tête de l'artificielle avec de l'acrylique.

L'un des streamers les plus populaires est en poils ; c'est le Mickey Finn. Il a été conçu par John Alden Knight dans les années 30. C'est une imitation très efficace d'alevin : la bande rouge figurant la ligne latérale d'un vairon ou d'une petite truite.

Comment monter un Mickey Finn.

PRINCIPE DE MONTAGE

Matériel	
Hameçon	Mustad 9672 ; n° 2 à 12
Soie	Noire 3/0
Lest (facultatif)	Fil de plomb fin
Ribbing	Tinsel ovale argent
Corps	Tinsel plat argent
Ailes	Poils de daim rouges et jaunes

Comment monter un hackle de mouche sèche

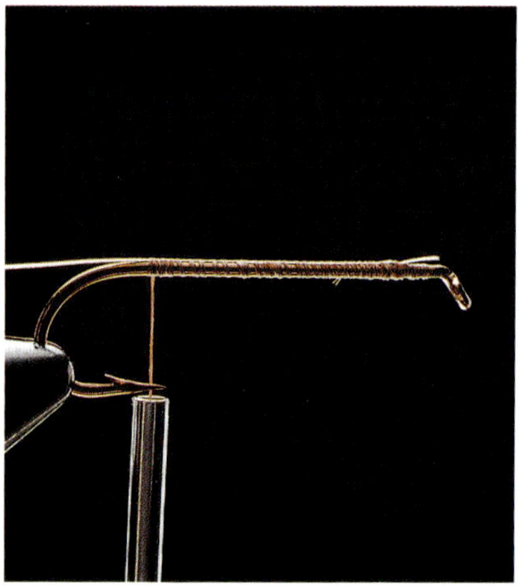

1 Fixez une dizaine de centimètres de tinsel ovale argent sur le dessus de la hampe avec la soie de montage, en commençant juste derrière l'œillet et en allant vers l'arrière jusqu'à la courbure.

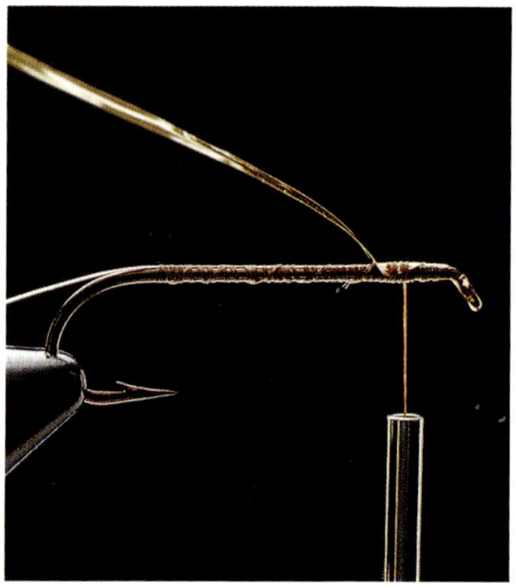

2 Revenez vers l'avant avec la soie de montage. Fixez alors le tinsel plat argent qui servira à effectuer le corps de l'artificielle.

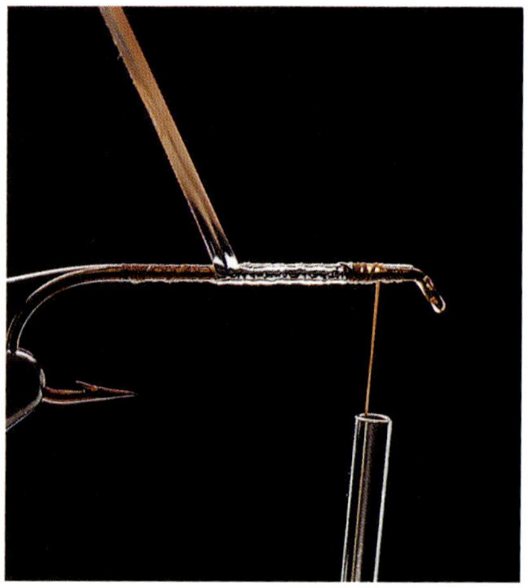

3 Enroulez le tinsel plat vers l'arrière en couvrant parfaitement la hampe.

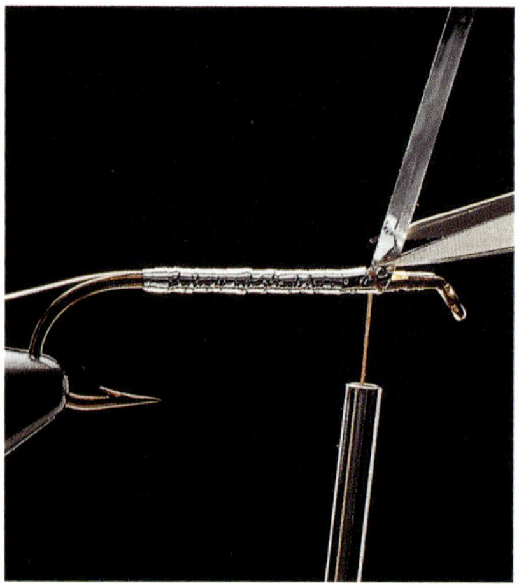

4 Une fois arrivé à la courbure, repartez vers l'avant et fixez en tête.

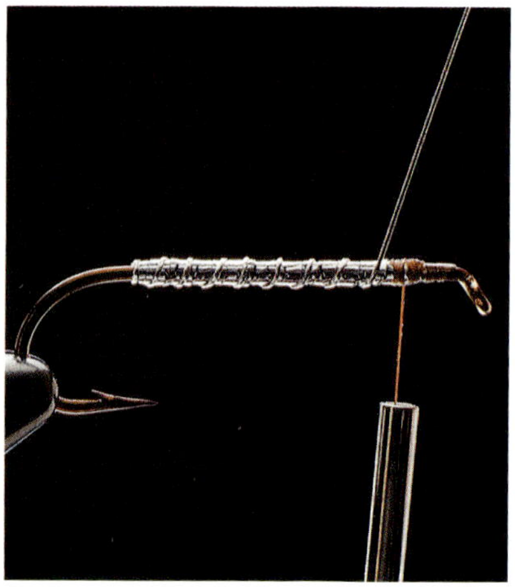

5 Enroulez alors par-dessus le corps le ribbing en tinsel ovale. Fixez en tête.

6 Coupez des touffes de poils de daim jaunes et rouges, alignez-les avec l'égaliseur de poils.

7 Séparez la touffe de poils jaunes en deux.

8 Mesurez la première touffe pour qu'elle fasse environ une fois et demie la longueur de la hampe.

9 Fixez-la en tête par plusieurs boucles peu serrées au début, puis fixez solidement ensuite. Si l'on a du mal à maintenir la touffe de poils sur le dessus de la hampe, c'est que celle-ci est trop fournie.

10 Éliminez l'excédent en biseau et recouvrez-bien avec la soie de montage.

11 Prenez la touffe de poils rouges de même longueur que la jaune. Placez-la sur le dessus et fixez comme en 9 et 10.

12 Placez, de la même façon, la dernière touffe de poils jaunes. Réalisez un nœud final et vernissez.

Streamers

Black-nosed Dace

Hameçon	Mustad 9672 ; n° 4 à 12
Soie	Noire 6/0
Cerques	Laine rouge
Rib	Tinsel ovale argent
Corps	Tinsel plat argent
Ailes	Poils de daim marron, noirs et blancs

Royal Coachman Bucktail

Hameçon	Mustad 3666 ; n° 10 à 16
Soie	Noire 6/0
Cerques	Faisan
Rib	Fil doré fin
Butt	Herl de paon
Corps	Floss rouge
Thorax	Herl de paon
Hackle	Plume de poule foncée
Ailes	Poils de daim blancs

Llama

Hameçon	Mustad 9673 ; n° 4 à 10
Soie	Noire 6/0
Rib	Mylar ou tinsel plat or
Corps	Laine rouge
Ailes	Poils de marmotte
Hackle	Poule Grizzly

Light Spruce

Hameçon	Mustad 9672 ; n° 2 à 10
Soie	Noire 6/0
Cerques	Fibres de paon
Rib	Fil de cuivre fin
Corps	Yarn rouge en queue et herl de paon en tête
Ailes	Blaireau
Hackle	Blaireau

Silver Darter

Hameçon	Mustad 9672 ; n° 4 à 10
Soie	Noire 6/0
Tag	Soie rouge
Corps	Tube en Mylar argent
Ailes	Blaireau

Pass Lake

Hameçon	Mustad 9672 ; n° 8 à 12
Soie	Noire 6/0
Cerques	Fibres de hackle de cou de coq marron
Corps	Chenille noire
Hackle	Cou de coq noir
Ailes	Queue de veau blanche

Grizzly King

Hameçon	Mustad 9672 ; n° 4 à 12
Soie	Noire 6/0
Cerques	Fibres de hackle rouge
Rib	Tinsel fin plat argent
Corps	Floss vert
Ailes	Plume de queue Grizzly

Black Matuka

Hameçon	Mustad 9672 ; n° 2 à 10
Soie	Noire 6/0
Rib	Fil de cuivre
Corps	Chenille noire
Ailes	4 hackles noirs orientés vers l'arrière avec le rib
Hackle	Noir

Byford's White Zonker

Hameçon	Mustad 9672 ; n° 2 à 6
Soie	Blanche 6/0
Lest	Fil de plomb
Corps	Mylan couleur perle
Ailes et cerques	Poil de lapin blanc et Krystal Flash
Yeux	Peinture jaune et noire

Gray Ghost

Hameçon	Mustad 79580 ; n° 2 à 10
Soie	Noire 6/0
Tag et rib	Tinsel plat argent
Dessous d'ailes	Crête de faisan
Ailes	Plume de queue grise
Flancs	Plume de flanc de faisan

Black Ghost

Hameçon	Mustad 79580 ; n° 2 à 6
Soie	Noire 6/0
Cerques	Fibres de hackle jaune
Rib	Tinsel moyen plat argent
Corps	Floss noir
Ailes	Hackles de queue blancs

Supervisor

Hameçon	Mustad 79580 ; n° 2 à 10
Soie	Noire 6/0
Cerques	Laine rouge
Rib	Tinsel argent plat ovale
Corps	Tinsel argent plat
Ailes	Poils de daim blancs et hackles bleus
Flancs	Hackles verts
Dessus	Herl de paon

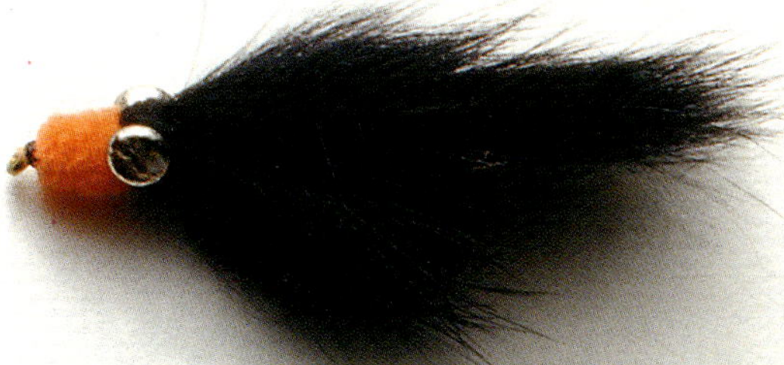

Purple Woolly Bugger

Hameçon	Mustad 9672 ; n° 2 à 12
Soie	Noire 6/0
Cerques	Marabout
Rib	Fil de cuivre fin
Corps	Chenille
Hackle	Hackle noir

Lead Eyed Egg Leech

Hameçon	Mustad 9672 ; n° 4 à 8
Soie	Noire 6/0
Cerques	Lapin noir
Corps	Lapin noir
Yeux	Billes en nickel
Thorax	Lapin noir
Tête	Chenille rose fluo

Muddler Minnow

Hameçon	Mustad 9672 ; n° 2 à 14
Soie	Noire 6/0
Cerques	Plumes de faisan
Corps	Tinsel or
Ailes	Plumes de faisan
Collerette	Poils de daim
Tête	Poils de daim

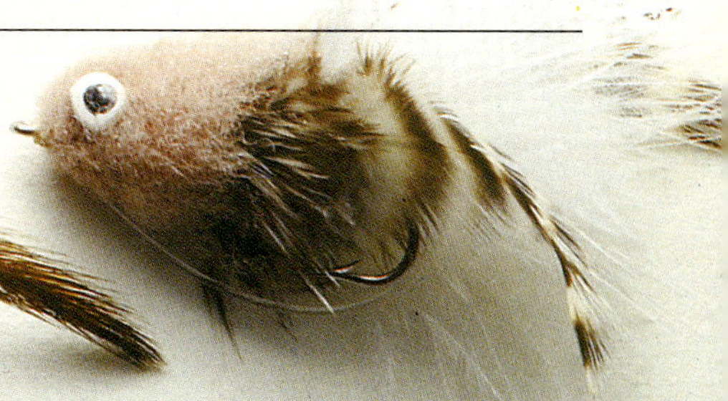

Black Marabou Muddler

Hameçon	Mustad 9672 ; n° 2 à 10
Soie	Noire 6/0
Cerques	Fibres de hackle rouge
Corps	Tinsel argent
Ailes	Marabout noir avec six brins de herl de paon
Collerette	Poils de daim
Tête	Poils de daim

Olive Whit's Sculpin

Hameçon	Mustad 9672 ; n° 1/0 à 8
Soie	Olive 3/0
Rib	Tinsel moyen ovale or
Corps	Yarn en laine olive
Thorax	Laine olive
Ailes	Hackle Grizzly
Collerette	Poils de daim olive
Tête	Poils de daim olive

Wool Shad

Hameçon	TMC 5263 ; n° 2 à 10
Soie	Grise 3/0
Ailes	Krystal Flash argent sur marabout blanc
Flancs	Hackle Grizzly
Corps	Soie grise
Collerette	Hackle Grizzly
Tête	Dubbing en laine
Yeux	Hourglass

NYMPHES

Pêchant, par définition, sous la surface, l'hameçon d'une nymphe est généralement plus lourd que celui d'une mouche sèche.

Les nymphes constituent, après les mouches sèches, la plus grande catégorie d'artificielles. Elles font donc partie intégrante du répertoire de tout bon monteur.

Le terme de nymphe, chez les pêcheurs, englobe en fait toutes les étapes de la vie aquatique d'un insecte, de la larve à la nymphe. Cela comprend également d'autres organismes aquatiques comme les gammares ou autres petits crustacés.

Les nymphes ne sont pas uniquement efficaces pour la truite, mais aussi pour le black-bass, voire les perches. En fait, tous les poissons se nourrissent activement de ces larves aquatiques, et il n'est pas surprenant qu'elles permettent de capturer un peu n'importe quel poisson.

Astuces pour monter une nymphe

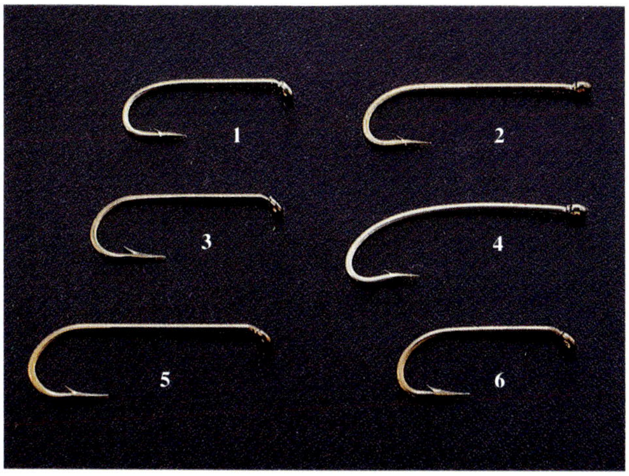

HAMEÇONS LES PLUS UTILISÉS : TMC 3761 (1) ; TMC 939S (2) ; Mustad 9671 (3) ; TMC 200R (4) ; Mustad 9672 (5) et 3906 (6).

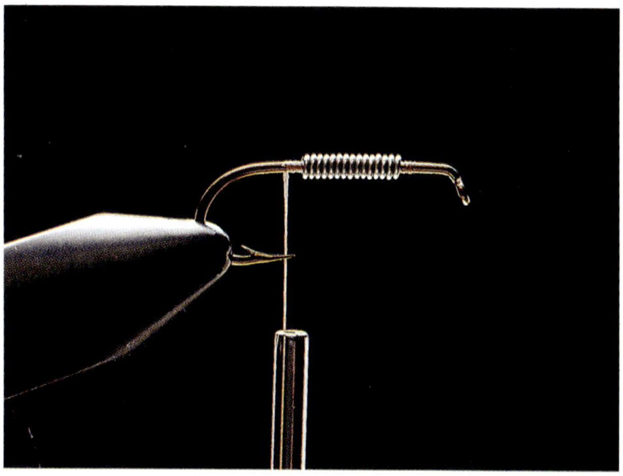

POUR FAIRE COULER une nymphe, ajoutez du fil de plomb sur la hampe.

AJOUTEZ une goutte de colle ou de vernis rapide sur une plume pour la consolider et augmenter sa ressemblance avec le sac alaire d'une nymphe.

RÉALISEZ un thorax en dubbing bien marqué par rapport à l'abdomen.

Tous les montages de nymphes ne sont pas forcément des imitations exactes. Certains se contentent de suggérer un type de proie plutôt qu'une proie en particulier.

Ces montages sont très utiles quand on n'arrive pas à déterminer avec précision de quoi se nourrit le poisson. Les imitations vont de la minuscule larve de chironome aux larges portebois dans leur fourreau.

Il est important que l'imitation évolue au même niveau que les larves naturelles. Si les poissons se nourrissent près du fond, utilisez des nymphes lestées ou placez un petit plomb, légèrement devant l'imitation.

L'une des nymphes les plus populaires est l'oreille de lièvre. Sa forme et sa couleur imitent un grand nombre de larves d'éphémères, lui assurant une efficacité constante pendant toute la saison. Vous pouvez la lester en ajoutant du fil de laiton (p. 40).

Le nom d'oreille de lièvre vient des poils issus d'un masque de lièvre qui sont employés pour le montage du corps et des cerques (p. 23).

Oreille de lièvre avec rib doré.

PRINCIPE DE MONTAGE

Matériel

Hameçon	Mustad 3906 ; n° 8 à 16
Soie	Marron 6/0
Cerques	Poils de masque de lièvre ou fibres de hackle marron
Rib	Tinsel fin ovale et or ou fil de cuivre
Corps	Poils de masque de lièvre
Sac alaire	Quill de plume de dinde ou d'oie

Comment monter une oreille de lièvre

1 Commencez par enrouler la soie du milieu de la hampe vers la courbure. Fixez alors entre dix et quinze poils de lièvre pour former les cerques. Fixez bien avec la soie en revenant jusqu'au milieu de la hampe.

2 Fixez un brin de tinsel doré avec la soie de montage jusqu'à la courbure. Coupez l'excédent.

3 Préparez le dubbing en poils de lièvre sur la soie.

4 Enroulez le dubbing jusqu'au milieu de la hampe pour former le corps.

5 Enroulez le tinsel sur le corps en dubbing par de larges spirales. Fixez avec la soie et coupez l'excédent.

6 Prélevez un segment d'un centimètre de large sur une plume de dinde ou d'oie.

7 Fixez le segment de plume, côté brillant vers vous, avec plusieurs tours de soie.

8 Coupez l'excédent et amenez la soie vers l'avant, puis vers l'arrière pour consolider l'ensemble.

9 Enroulez un dubbing de lièvre fourni en tête pour former le thorax, mais en laissant l'œillet bien dégagé.

10 Repliez la plume sur le thorax pour former le sac alaire. Fixez bien par plusieurs tours avec la soie et consolidez avec de la colle rapide.

Nymphes

Pheasant Tail
Hameçon .... Mustad 9671 ; n° 10 à 18
Soie .... Marron 6/0
Cerques .... Fibres de plume de faisan
Rib .... Fil de cuivre
Corps .... Fibres de plume de faisan
Sac alaire .... Fibres de plume de faisan
Thorax .... Herl de paon

Breadcrust
Hameçon .... Mustad 3906 ; n° 8 à 14
Soie .... Noire 6/0
Rib .... Plume de grouse et fil de cuivre
Corps .... Poils de lapin orange
Hackle .... Hackle Grizzly

Dark Hendrickson
Hameçon .... Mustad 3906 B ; n° 10 à 14
Soie .... Olive 6/0
Cerques .... Canard jaune citron
Rib .... Floss marron
Abdomen .... Dubbind en floss rouge
Sac alaire .... Pointe de plume blanche de dinde
Thorax .... Dubbing de poils de renard
Côtés .... Partridge marron

Blue-Wing Olive
Hameçon .... Mustad 9671 ; n° 14 à 18
Soie .... Olive 6/0
Cerques .... Fibres de plume de flanc de canard jaune
Rib .... Soie marron
Corps .... Dubbing de poils de lapin olive
Sac alaire .... Fibres de plume d'oie
Thorax .... Dubbing de poils de lapin olive
Pattes .... Fibres de hackle marron

Isonychia
Hameçon .... Mustad 9671 ; n° 10 à 16
Soie .... Rouge 6/0
Cerques .... Fibres de plume de faisan
Rib .... Floss noir
Corps .... Dubbing synthétique rouge sombre
Sac alaire .... Quill foncé
Thorax .... Dubbing synthétique rouge sombre
Flancs .... Fibres de plumes de flanc de canard

Quill Gordon
Hameçon .... Mustad 9671 ; n° 10 à 14
Soie .... Olive 6/0
Cerques .... 2 fibres de plume de faisan
Rib .... Soie marron
Corps .... Dubbing synthétique crème
Sac alaire .... Quill de plume d'aile de dinde
Thorax .... Dubbing synthétique crème

Black Quill
Hameçon .... Mustad 9671 ; n° 10 à 14
Soie .... Noire 6/0
Cerques .... Fibres de hackle gris
Corps .... Herl de paon
Sac alaire .... Quill de plume de colvert sombre
Thorax .... Poils de rat musqué

Red Squirrel
Hameçon .... Mustad 9672 ; n° 6 à 10
Soie .... Noire 6/0
Cerques .... Poils de masque de lièvre
Corps .... Poils d'écureuil roux
Rib .... Tinsel ovale fin doré
Thorax .... Dubbing Antron gris foncé

March Brown
Hameçon .... Mustad 9671 ; n° 12 à 18
Soie .... Rouille 6/0
Cerques .... Fibres de plume de faisan
Rib .... Soie marron
Corps .... Poils de renard
Sac alaire .... Quill de dinde
Thorax .... Poils de renard
Flancs .... Hackle Partridge

Flashabou

Hameçon	Mustad 3906B ; n° 10 à 18
Soie	Noire 6/0
Cerques	Fibres de plume de faisan
Corps	Flashabou couleur perle
Sac alaire	Flashabou couleur perle
Thorax	Poils de lapin noirs

Prince

Hameçon	Mustad 9671 ; n° 4 à 10
Soie	Noire 6/0
Cerques	Biots d'oie marron
Rib	Tinsel plat doré
Corps	Herl de paon
Hackle	Marron
Ailes	Biots blancs pointe vers l'arrière

Tellico

Hameçon	Mustad 9671 ; n° 12 à 16
Soie	Noire 6/0
Cerques	Fibres de coq de Guinée
Rib	Herl de paon
Sac alaire	Plume de flanc de canard jaune

Zug Bug

Hameçon	TMC 3761 ; n° 8 à 16
Soie	Noire 6/0
Cerques	Fibres de plume de paon
Corps	Herl de paon
Hackle	Marron
Sac alaire	Flanc de canard jaune

Montana

Hameçon	Mustad 9672 ; n° 6 à 10
Soie	Noire 6/0
Cerques	Biots marron
Corps	Chenille marron
Sac alaire	Chenille marron
Thorax	Chenille orange
Hackle	Hackle noir

Bitch Creek

Hameçon	Mustad 9672 ; n° 2 à 10
Soie	Noire 6/0
Cerques	Élastique blanc
Corps	Chenille noire et orange
Rib	Fil doré
Thorax	Chenille noire
Hackle	Hackle marron
Antennes	Élastique blanc

Damselfly

Hameçon	Mustad 9671 ; n° 8 à 12
Soie	Olive 6/0
Cerques	Marabout olive
Corps	Yarn ou dubbing olive
Rib	Tinsel ovale doré
Yeux	Hourglass noir
Thorax et tête	Yarn ou dubbing olive
Flancs	Grizzly vert
Sac alaire	Straw olive

Green Drake

Hameçon	Mustad 9672 ; n° 10 à 12
Soie	Olive 6/0
Cerques	Fibres de plume de faisan
Rib	Floss olive
Abdomen	Dubbing olive
Sac alaire	Pointe blanche de plume de dinde
Thorax	Dubbing olive
Flancs	Plume jaune de flanc de canard

Hexagenia

Hameçon	Mustad 9672 ; n° 4 à 10
Soie	Olive 6/0
Cerques	Marabout olive
Rib	Fil de cuivre
Corps	Dubbing marron
Sac alaire	Plume de dinde
Thorax	Dubbing marron
Pattes	Marabout olive
Yeux	Nylon
Antennes	Marabout olive

Hellgrammite

Hameçon ... Mustad 79580 ; n° 2 à 8
Soie ... Marron 6/0
Cerques ... Biots d'oie marron
Carapace ... Fibres de plume de faisan
Rib ... Fil de cuivre
Corps ... Antron marron
Sac alaire ... Fibres de plume de faisan
Thorax ... Antron marron
Pattes ... Plumes de coq
Antennes ... Biots d'oie marron

Giant Black Stonefly

Hameçon ... TMC 200R ; n° 2 à 8
Soie ... Noire 6/0
Cerques ... Biots d'oie noirs
Rib ... Larva Lace noire
Corps ... Poils de lapin noirs
Sac alaire ... Plumes de dinde
Thorax ... Poils de lapin noirs
Tête ... Poils de lapin noirs
Antennes ... Biots d'oie noirs

Brassie

Hameçon ... Mustad 9671 ; n° 10 à 18
Soie ... Noire 6/0
Corps ... Fil de cuivre
Thorax ... Poils de rat musqué gris

Peacock Larva

Hameçon ... Mustad 3906 ; n° 12 à 16
Soie ... Noire 6/0
Rib ... Fil de cuivre
Corps ... Yarn vert
Thorax ... Herl de paon

Peeking Caddis

Hameçon ... Mustad 3906 ; n° 12 à 16
Soie ... Noire 6/0
Rib ... Tinsel ovale doré
Corps ... Poils de lapin
Thorax ... Poils de lapin olive
Tête ... Herl d'autruche noir

Olive Larva

Hameçon ... TMC 200R ; n° 12 à 16
Soie ... Marron 6/0
Rib ... Fil doré
Corps ... Dubbing olive
Tête ... Poils de lapin marron

Speckled Sedge

Hameçon ... Mustad 3906 ; n° 12 à 16
Soie ... Marron 6/0
Rib ... Opossum marron en dubbing
Corps ... Dubbing crème
Ailes ... Segments de plume de canard gris
Tête ... Poils de lapin marron foncé

Olive Sedge

Hameçon ... Mustad 3906 ; n° 14 à 18
Soie ... Marron 6/0
Corps ... Dubbing olive
Sac alaire ... Segments de plume de canard gris
Tête ... Poils de lapin marron

GLF Cased Caddis

Hameçon	TMC 100 ; n° 8 à 14
Soie	Marron 6/0
Corps	Hackles de grouse marron et gris
Thorax	Poils de lapin olive
Tête	Dubbing noir (facultatif)

GLF Emerging Caddis

Hameçon	TMC 100 ; n° 12 à 18
Soie	Noire 6/0
Cerques	Fibres d'Antron
Corps	Antron doré, poils de lapin marron et yarn d'Antron beige
Ailes	Poils de daim
Tête	Poils de lapin marron

Deep Sparkling Pupa

Hameçon	TMC 100 ; n° 12 à 18
Soie	Noire 6/0
Corps	Antron olive et vert, yarn d'Antron olive
Hackle	Grouse

Goplin Emerger

Hameçon	TMC 100 ; n° 12 à 20
Soie	Marron 6/0
Cerques	Hackle marron
Corps	Dubbing beige
Sac alaire	Hackle gris monté en boucle
Pattes	Hackle gris coupé
Thorax	Dubbing beige

Floating Nymph

Hameçon	TMC 100 ; n° 12 à 20
Soie	Olive 6/0
Cerques	Hackle beige
Rib	Soie crème
Corps	Dubbing olive
Sac alaire	Dubbing marron monté en boule

CDC Hendrickson Emerger

Hameçon	TMC 100 ; n° 12 à 20
Soie	Marron 6/0
Cerques	Fibres de plume de flanc de canard jaune
Rib	Fil de cuivre
Corps	Antron marron
Ailes	Cul de canard beige
Pattes	Hackle Partridge
Tête	Antron marron

Olive Scud

Hameçon	TMC 200R ; n° 10 à 18
Soie	Marron 6/0
Cerques	Hackle olive
Rib	Soie noire
Corps	Poils de lapin olive
Carapace	Plastique transparent
Antennes	Hackle olive

Big Horn Scud

Hameçon	Mustad 3906 ; n° 8 à 16
Soie	Orange 6/0
Cerques	Fibres de plume de faisan
Rib	Fil de cuivre
Corps	Antron jaune
Carapace	Plastique transparent

Sow Bug

Hameçon	Mustad 3906 ; n° 10 à 16
Soie	Grise 6/0
Cerques	Biots d'oie gris
Rib	Fil argenté
Corps	Dubbing de rat musqué
Pattes	Fibres de dubbing

MOUCHES SÈCHES

Puisqu'elles sont destinées à pêcher en surface, les mouches sèches sont montées sur des hameçons légers, fins de fer. C'est la catégorie la plus importante des artificielles. Elle inclut aussi bien des mouches d'ensemble, représentant une famille d'insectes, que des modèles plus spécifiques.

Les truites, très sélectives dans le choix de leurs proies, ont obligé les monteurs à faire preuve d'une grande originalité.

Lorsque vous montez une mouche sèche, la première chose à prendre compte est sa taille. Une artificielle légèrement plus grosse ou plus petite qu'un insecte naturel peut effaroucher une truite méfiante. La couleur est également primordiale. Essayez toujours de vous rapprocher le plus possible de celle de l'insecte en n'oubliant pas que certains matériaux, comme le dubbing par exemple, ont tendance à foncer une fois mouillés.

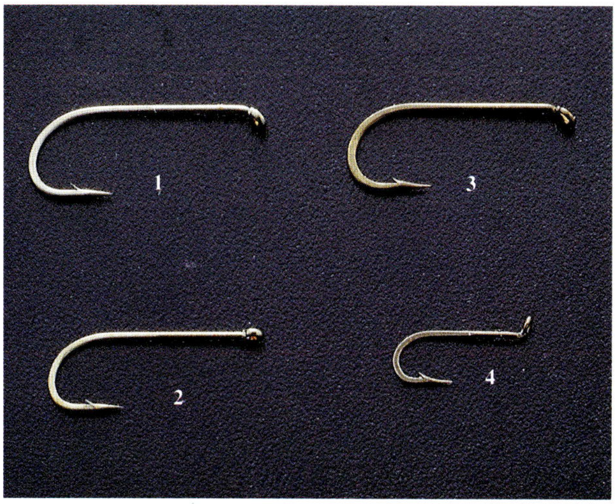

HAMEÇONS LES PLUS UTILISÉS : TMC 100 (1) et 101 (2) ; Mustad 94840 (3) et 94842 (4).

MONTEZ des mouches plus fournies pour les rivières rapides et tourmentées que pour les grandes rivières de plaines.

D'autres points sont à considérer, comme la flottabilité, la solidité et la visibilité.

Les artificielles montées en poils flottent plus haut sur l'eau que celles utilisant des plumes.

Traiter les mouches terminées avec un produit hydrophobe augmente sensiblement leur flottabilité.

Les mouches flottant haut sur l'eau sont beaucoup plus visibles pour le pêcheur. Pour les mouches parachutes, très à plat sur l'eau, il est conseillé d'employer des fibres très claires, voire fluorescentes. Pour le "coup du soir", les mouches claires sont également très indiquées.

L'Adams, que nous allons vous décrire en détail dans les pages suivantes, est une imitation classique et efficace. Elle fut créée en 1922 par Len Halladay pour son ami C. F. Adams qui la popularisa à travers tout le continent américain.

Mouche sèche de C. F. Adams.

UNE BOMBE de produit hydrophobe permet de renforcer la flottabilité de l'artificielle.

PRINCIPE DE MONTAGE

Matériel

Hameçon	Mustad 94840 ; n° 10 à 20
Soie	Noire ou grise 6/0
Ailes	Pointes de hackle Grizzly
Cerques	Hackles gris et marron
Corps	Poils de rat musqué gris
Hackle	Marron et Grizzly

Comment monter une Adams

1 Enroulez la soie sur le tiers avant pour former une base sur laquelle seront montées les ailes.

2 Montez deux pointes de hackle (p. 62). Ramenez la soie vers l'arrière.

3 Prélevez une touffe de fibres de hackle Grizzly et une de hackle marron. Alignez leurs pointes.

4 Fixez les fibres à l'arrière pour former les cerques. Revenez vers l'avant avec la soie de montage.

5 Préparez le dubbing et enroulez-le vers l'avant.

6 Formez le corps en laissant un espace derrière les ailes pour y fixer les hackles.

7 Sélectionnez un hackle Grizzly et un marron.

8 Fixez les hackles par plusieurs tours avec la soie. Coupez l'excédent et ramenez la soie vers l'avant, devant les ailes.

9 Enroulez le premier hackle avec la pince en faisant trois tours devant et trois tours derrière les ailes. Fixez avec la soie et procédez de même avec le second hackle.

10 Coupez l'excédent. Formez une tête avec la soie de montage, réalisez le nœud final et ajoutez une goutte de colle rapide.

Mouches sèches

Adams

Hameçon	Mustad 94840 ; n° 10 à 20
Soie	Noire 6/0
Ailes	Hackle Grizzly
Cerques	Hackles Grizzly et marron
Corps	Poils de rat musqué gris
Hackle	Marron et Grizzly

Light Cahill

Hameçon	TMC 100 ; n° 10 à 20
Soie	Crème 6/0
Ailes	Fibres de plume de flanc de canard jaune
Cerques	Hackle jaune clair
Corps	Dubbing crème
Hackle	Jaune clair

Light Hendrickson

Hameçon	Mustad 94840 ; n° 12 à 18
Soie	Crème 6/0
Ailes	Fibres de plume de flanc de canard jaune citron
Cerques	Hackle bleu pâle
Corps	Poils de renard
Hackle	Bleu pâle

Dark Hendrickson

Hameçon	Mustad 94840 ; n° 12 à 18
Soie	Grise 6/0
Ailes	Fibres de plume de flanc de canard jaune citron
Cerques	Hackle foncé
Corps	Poils de rat musqué gris
Hackle	Foncé

Blue-wing Olive

Hameçon	TMC 100 ; n° 12 à 20
Soie	Olive 6/0
Ailes	Pointes de hackle
Cerques	Hackle foncé
Rib	Soie marron
Corps	Poils de lapin olive
Hackle	Foncé

Gray Fox Variant

Hameçon	Mustad 94840 ; n° 12 à 14
Soie	Rose 6/0
Ailes	Pointe de plume de flanc de canard
Cerques	Hackle Golden ginger
Corps	Poils de renard
Hackle	Golden ginger et Grizzly clair

Blue Dun

Hameçon	TMC 100 ; n° 12 à 18
Soie	Grise 6/0
Ailes	Quill de canard gris
Cerques	Hackle blue dun
Corps	Poils de rat musqué gris
Hackle	Blue dun moyen

March Brown

Hameçon	Mustad 94840 ; n° 10 à 14
Soie	Marron 6/0
Ailes	Quill de faisan
Cerques	Fibres de hackle ginger
Rib	Soie jaune ou tinsel or
Corps	Dubbing en poils de lapin marron
Hackle	Ginger foncé

Black Gnat

Hameçon	TMC 100 ; n° 12 à 20
Soie	Noire 6/0
Ailes	Quill de canard gris
Cerques	Hackle noir
Corps	Dubbing en poils de lapin noirs
Hackle	Noir

Mosquito

Hameçon	TMC 100 ; n° 12 à 18
Soie	Noire 6/0
Ailes	Hackle Grizzly
Cerques	Hackle Grizzly
Corps	Poils de souris
Hackle	Grizzly

Red Quill

Hameçon	Mustad 94840 ; n° 12 à 16
Soie	Grise 6/0
Ailes	Fibres de plume de flanc de canard jaune citron
Cerques	Hackle bronze
Corps	Hackle marron
Hackle	Bronze

Quill Gordon

Hameçon	Mustad 94840 ; n° 12 à 16
Soie	Noire 6/0
Ailes	Fibres de plume de flanc de canard jaune citron
Cerques	Hackle foncé
Corps	Herl de paon
Hackle	Foncé

Royal Coachman

Hameçon	Mustad 94840 ; n° 10 à 8
Soie	Noire 6/0
Ailes	Quill de canard blanc
Cerques	Pointes de plume de faisan
Corps	Herl de paon et floss rouge
Hackle	Marron

Renegade

Hameçon	TMC 100 ; n° 6 à 18
Soie	Noire 6/0
Tag	Tinsel plat doré
Hackle de queue	Marron
Corps	Herl de paon
Hackle de tête	Blanc

Brown Bivisible

Hameçon	Mustad 94840 ; n° 10 à 14
Soie	Noire 6/0
Cerques	Hackle marron
Corps	Hackle marron
Hackle	Crème

Blue Quill

Hameçon	Mustad 94840 ; n° 12 à 18
Soie	Noire 6/0
Ailes	Quill de canard gris
Cerques	Hackle foncé
Corps	Herl de paon
Hackle	Foncé

Blue-wing Olive Parachute

Hameçon	Mustad 94840 ; n° 12 à 20
Soie	Olive 6/0
Ailes	Poils de veau en parachute
Cerques	Hackle foncé
Corps	Dubbing olive
Hackle	Foncé

Light Cahill Parachute

Hameçon	TMC 100 ; n° 12 à 18
Soie	Crème 6/0
Ailes	Poils de veau en parachute
Cerques	Hackle clair
Corps	Dubbing crème
Hackle	Clair

Pale Morning Dun

Hameçon	TMC 100 ; n° 12 à 18
Soie	Crème 6/0
Ailes	Hackle clair
Cerques	Hackle clair
Corps	Poils de lapin clairs
Hackle	Clair

Pale Evening Dun

Hameçon	Mustad 94840 ; n° 14 à 20
Soie	Crème 6/0
Ailes	Hackle clair
Cerques	Hackle clair
Corps	Poils de lapin jaune clair
Hackle	Clair

Sulphur Dun

Hameçon	TMC 100 ; n° 16 à 18
Soie	Crème 6/0
Ailes	Hackle crème
Cerques	Hackle clair
Corps	Poils de renard clairs
Hackle	Clair

Borcher Special

Hameçon	Mustad 94840 ; n° 10 à 18
Soie	Noire 6/0
Ailes	Hackle clair
Cerques	Pointes de plume de faisan
Corps	Quill de fibres de plume de faisan
Hackle	Marron et Grizzly

Ginger Fox

Hameçon	TMC 100 ; n° 12 à 16
Soie	Bronze 6/0
Ailes	Fibres de plume de flanc de canard
Cerques	Hackle jaune pâle
Corps	Poly Yarn blanc et poils de renard roux
Hackle	Jaune pâle

Little Marryat

Hameçon	Mustad 94840 ; n° 10 à 18
Soie	Crème 6/0
Ailes	Quill de canard gris
Cerques	Hackle marron
Corps	Poils de lapin gris
Hackle	Marron

Rio Grande King

Hameçon	TMC 100 ; n° 10 à 18
Soie	Marron 6/0
Ailes	Quill de canard blanc
Cerques	Pointes de plume de faisan
Corps	Chenille noire
Hackle	Marron

Adams Irresistible

Hameçon	Mustad 94840 ; n° 8 à 14
Soie	Noire 3/0
Ailes	Pointes de hackle gris
Cerques	Poils de souris
Corps	Poils de daim
Hackle	Marron et Grizzly

Royal Humpy

Hameçon	Mustad 94840 ; n° 8 à 14
Soie	Rouge 6/0
Ailes	Poils de veau blancs ou poils de daim
Cerques	Poils de daim
Carapace	Poils de daim
Corps	Floss rouge
Hackle	Marron

Coffin Fly

Hameçon	Mustad 94840 ; n° 12 à 14
Soie	Blanche 6/0
Ailes	Pointes de plume de sarcelle
Cerques	Poils de pécari ou de souris
Rib	Soie blanche
Corps	Poly yarn blanc et hackle blanc
Hackle	Hackle gris

Western Green Drake

Hameçon	TMC 100 ; n° 10 à 12
Soie	Olive 6/0
Ailes	Poils de souris
Cerques	Poils de souris
Rib	Floss olive
Corps	Poils de lapin olive
Hackle	Grizzly olive

Brown Drake

Hameçon	Mustad 94840 ; n° 6 à 16
Soie	Marron 6/0
Cerques	Hackle marron
Corps	Poils de lapin jaune foncé
Ailes	Pointes de hackle gris
Hackle	Grizzly jaune

Moose-mane Adams

Hameçon	TMC 100 ; n° 8 à 16
Soie	Grise 6/0
Ailes	Pointes de hackle Grizzly
Cerques	Poils de souris
Corps	Dubbing gris
Hackle	Marron et Grizzly

White Wulff

Hameçon	Mustad 94840 ; n° 6 à 16
Soie	Blanche 6/0
Ailes	Poils de veau blancs
Cerques	Poils de veau blancs
Corps	Poils de lapin blancs
Hackle	Crème

Gray Wulff

Hameçon	Mustad 94840 ; n° 8 à 14
Soie	Noire 6/0
Ailes	Poils de chevreuil
Cerques	Poils de chevreuil
Corps	Dubbing de poils de rat musqué
Hackle	Clair

Grizzly Wulff

Hameçon	Mustad 94840 ; n° 8 à 14
Soie	Noire 6/0
Ailes	Poils de chevreuil
Cerques	Poils de chevreuil
Corps	Floss jaune
Hackle	Marron et Grizzly

Royal Wulff

Hameçon	Mustad 94840 ; n° 8 à 14
Soie	Noire 6/0
Ailes	Poils de veau blancs
Cerques	Poils de chevreuil
Corps	Herl de paon et floss rouge
Hackle	Marron

Ausable Wulff

Hameçon	Mustad 94840 ; n° 8 à 14
Soie	Rouge 6/0
Ailes	Poils de veau blancs
Cerques	Poils de souris
Corps	Opossum
Hackle	Marron et Grizzly

Tent-wing Caddis

Hameçon	TMC 100 ; n° 12 à 20
Soie	Bronze 6/0
Corps	Pointes de plume de faisan
Hackle	Roux foncé
Ailes	Quill zébré

Hemingway Caddis

Hameçon	Mustad 94840 ; n° 12 à 20
Soie	Olive 6/0
Corps	Poils de lapin olive
Hackle de corps	Gris clair
Ailes	Quill de canard gris
Thorax	Herl de paon
Hackle	Gris clair

Henryville Special

Hameçon	Mustad 94840 ; n° 12 à 20
Soie	Noire 6/0
Corps	Floss olive
Hackle de corps	Grizzly
Ailes	Quill de canard gris
Hackle	Roux

Elk-Hair Caddis

Hameçon	TMC 100 ; n° 10 à 20
Soie	Bronze 6/0
Corps	Poils de lapin bronze
Hackle	Roux
Ailes	Poils d'écureuil clairs

Peacock Caddis

Hameçon	Mustad 94840 ; n° 8 à 14
Soie	Noire 6/0
Corps	Herl de paon
Ailes	Poils d'écureuil
Hackle	Marron et Grizzly

Goddard Caddis

Hameçon	Mustad 94840 ; n° 10 à 16
Soie	Noire 6/0
Corps	Poils de daim
Hackle	Marron
Antennes	Hackle débarrassé des fibres

Deschutes Caddis

Hameçon	Mustad 94840 ; n° 8 à 12
Soie	Marron 6/0
Cerques	Poils de daim
Corps	Poils de lapin jaunes
Ailes	Poils de daim clairs
Hackle	Roux

Delta-wing Caddis

Hameçon	Mustad 94840 ; n° 10 à 22
Soie	Grise 6/0
Corps	Dubbing de lapin gris
Ailes	Hackle gris-bleu
Hackle	Bronze

Small Dun Caddis

Hameçon	TMC 101 ; n° 16 à 22
Soie	Grise 6/0
Corps	Dubbing de lapin gris
Ailes	Plume d'aile de canard
Hackle	Grizzly

Slow-Water Caddis

Hameçon	TMC 100 ; n° 12 à 20
Soie	Olive 6/0
Ailes	Pointes de hackle vernies
Corps	Dubbing olive
Hackle	Roux
Tag	Soie rouge

King's River

Hameçon	Mustad 94840 ; n° 12 à 18
Soie	Marron 6/0
Corps	Poils de lapin bronze
Ailes	Quill zébré
Hackle	Marron

Rio Grande Trude

Hameçon	Mustad 94840 ; n° 10 à 16
Soie	Noire 6/0
Cerques	Pointes de plume de faisan
Corps	Poils de lapin noirs
Ailes	Poils de veau blancs
Hackle	Roux foncé

Little Yellow Stone

Hameçon	Mustad 94840 ; n° 12 à 16
Soie	Jaune 6/0
Cerques	Poils de daim jaunes
Tag	Soie rouge
Hackle de corps	Hackle jaune clair
Corps	Floss jaune
Ailes	Poils de daim jaunes
Hackle	Jaune clair

Black Stimulator

Hameçon	TMC 200R ; n° 2 à 6
Soie	Orange fluo 6/0
Cerques	Poils d'élan noirs
Rib	Fil doré et hackle gris foncé
Corps	Dubbing noir
Ailes	Poils d'élan
Hackle	Grizzly
Thorax	Dubbing orange fluo

Sofa Pillow

Hameçon	Mustad 9672 ; n° 4 à 10
Soie	Marron 6/0
Cerques	Quill d'oie rouge
Corps	Floss rouge
Ailes	Poils d'écureuil roux
Hackle	Marron

Tan CDC/Elk Caddis

Hameçon	TMC 100 ; n° 10 à 20
Soie	Bronze 6/0
Rib	Tinsel doré
Corps	Poils de lapin bronze
Ailes	Cul de canard et poils d'élan
Antennes	Hackle débarrassé de ses fibres

Olive CDC/Elk Caddis

Hameçon	TMC 100 ; n° 10 à 20
Soie	Olive 6/0
Rib	Tinsel doré
Corps	Poils de lapin olive
Ailes	Cul de canard et poils d'élan olive
Antennes	Hackle débarrassé de ses fibres

Gray CDC Caddis

Hameçon	Mustad 94840 ; n° 12 à 20
Soie	Grise 6/0
Cerques	Hackle clair
Corps	Poils de rat musqué
Ailes	Cul de canard gris et hackle Grizzly
Flancs	Cul de canard rouille

MOUCHES NOYÉES

Un pêcheur qui aurait débuté à la mouche il y a vingt ans seulement pourrait ne jamais avoir vu une mouche noyée. Les modèles si populaires dans les années 1800 et au début du siècle ont quasiment tous disparus des magasins de pêche. Ces mouches au nom évocateur comme la "Reine de l'eau" étaient destinées à pêcher juste sous la surface pour imiter des éphémères dérivants. La plupart étaient de couleurs vives.

Les mouches noyées ont, petit à petit, cédé la place au nymphes et aux mouches sèches, plus proches de la réalité. Cependant, elles n'ont pas complètement disparu pour une raison simple : elles prennent toujours du poisson !

Aujourd'hui, elles ont même tendance à faire un come-back. Des mouches comme la Parmachene Belle et la Wooly Worm redeviennent populaires auprès des pêcheurs.

Les modèles dits "à hackle souple", créés en Angleterre et qui associent les qualités des mouches noyées et des nymphes, remportent aujourd'hui un succès grandissant. Ils diffèrent des mouches noyées classiques par la façon dont on les monte. Le montage ressemble beaucoup à celui d'une mouche sèche, mais dont on couche le hackle et les ailes vers l'arrière, sur un corps en dubbing.

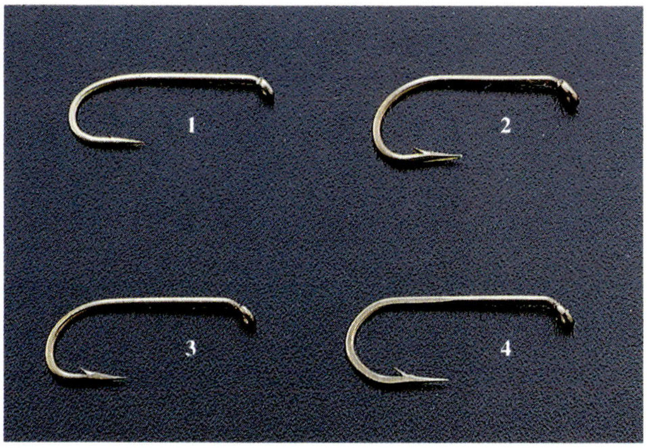

HAMEÇONS LES PLUS UTILISÉS : TMC 3761 (1) ; Mustad 3366 (2), 3906 (3) et 7957 (4).

MARIEZ les quills de différentes plumes en les accrochant les uns aux autres par les petites barbules qui les bordent.

LES AILES EN QUILL peuvent être montées côté incurvé vers le haut ou vers le bas.

LE CORPS en dubbing des mouches noyées a une forme de cigare. De cette façon, les ailes et le hackle glissent bien vers l'arrière.

Quels que soient leurs types, les mouches noyées sont plus efficaces si l'hameçon n'est pas plombé mais muni d'une soie plongeante.

Les mouches à saumon font partie de la grande famille des mouches noyées. Elles sont très colorées et souvent réalisées avec des plumes d'oiseaux exotiques. On les considère, à juste titre, comme les chefs-d'œuvre des monteurs.

L'une des mouches noyées les plus utilisées est la Light Cahill. Nous vous en expliquons le montage dans les pages suivantes. Elle imite une grande variété d'éphémères.

Créée en 1880 par Dan Cahill dans l'État de New York, c'est une mouche claire, ce qui la rend efficace aussi bien le matin que le soir, lorsque les conditions lumineuses sont mauvaises.

La Light Cahill.

PRINCIPE DE MONTAGE

Matériel

Hameçon	TMC 3761 ; n° 10 à 16
Soie	Crème 6/0
Cerques	Fibres de plume de flanc de canard
Corps	Poils de lapin crème
Hackle	Crème
Ailes	Fibres de plume de flanc de canard

Comment monter une Light Cahill

1 Enroulez la soie de montage du milieu de la hampe vers la courbure. Prenez une touffe de fibres de plume de flanc de canard pour réaliser les cerques. Alignez-les et prenez la bonne mesure sur la longueur de la hampe.

2 Fixez les cerques par quelques boucles peu serrées et coupez l'excédent.

3 Préparez le dubbing et enroulez-le vers l'avant jusqu'au tiers supérieur de la hampe.

4 Prenez le hackle crème et mettez toutes les fibres du même côté en les prenant entre le pouce et l'index.

5 Fixez le hackle en tête.

6 Enroulez le hackle autour de la hampe en couchant les fibres vers l'arrière.

7 Faites encore deux tours et fixez le hackle en tête. Couper l'excédent.

8 Prenez la pointe de plumes de flanc de canard pour réaliser les ailes. Elles doivent faire une fois et demie la longueur de la hampe.

9 Fixez les ailes par des boucles de plus en plus serrées.

10 Éliminez l'excédent et former la tête de la mouche par plusieurs tours de soie de montage. Faites le nœud final et consolidez par une goutte de colle rapide.

Mouches noyées

Alder
Hameçon .... TMC 3761 ; n° 10 à 14
Soie .... Noire 6/0
Tag .... Tinsel plat doré
Corps .... Herl de paon
Hackle .... Noir
Ailes .... Quill de faisan

Blue Dun
Hameçon .... TMC 3761 ; n° 10 à 16
Soie .... Noire 6/0
Cerques .... Hackle gris
Corps .... Poils de rat musqué
Hackle .... Gris
Ailes .... Quill de canard gris

Cow Dung
Hameçon .... TMC 3761 ; n° 10 à 16
Soie .... Noire 6/0
Tag .... Tinsel plat doré
Corps .... Floss olive foncé
Hackle .... Hackle marron
Ailes .... Quill de faisan

Orvis Light Cahill
Hameçon .... TMC 3761 ; n° 10 à 16
Soie .... Crème 6/0
Cerques .... Hackle crème
Corps .... Poils de lapin crème
Hackle .... Crème
Ailes .... Fibres de plume de flanc de canard

Dark Cahill
Hameçon .... TMC 3761 ; n° 10 à 16
Soie .... Noire 6/0
Cerques .... Fibres de plume de flanc de canard
Corps .... Poils de rat musqué
Hackle .... Roux
Ailes .... Fibres de plume de flanc de canard

Dark Hendrickson
Hameçon .... TMC 3761 ; n° 10 à 16
Soie .... Noire 6/0
Cerques .... Hackle gris
Corps .... Poils de rat musqué
Hackle .... Gris
Ailes .... Fibres de plume de flanc de canard

Quill Gordon
Hameçon .... TMC 3761 ; n° 10 à 16
Soie .... Noire 6/0
Cerques .... Hackle gris
Corps .... Quill de paon
Hackle .... Gris
Ailes .... Fibres de plume de flanc de canard

American March Brown
Hameçon .... TMC 3761 ; n° 10 à 14
Soie .... Noire 6/0
Cerques .... Hackle de grouse
Rib .... Soie jaune ou tinsel ovale doré
Corps .... Poils de lapin
Hackle .... Grouse
Ailes .... Quill de faisan

Hornberg
Hameçon .... Mustad 9672 ; n° 6 à 10
Soie .... Noire 6/0
Corps .... Tinsel ovale doré
Ailes .... Plume de colvert et poils de veau jaunes
Hackle .... Grizzly

Professor

Hameçon	TMC 3761 ; n° 10 à 16
Soie	Noire 6/0
Cerques	Hackle rouge
Rib	Tinsel plat doré
Corps	Dubbing ou floss jaune
Hackle	Marron
Ailes	Plumes de flanc de colvert

Parmachene Belle

Hameçon	TMC 3761 ; n° 10 à 16
Soie	Noire 6/0
Cerques	Hackle rouge et blanc
Rib	Tinsel plat doré
Corps	Floss jaune
Hackle	Rouge et blanc
Ailes	Quill de canard rouge et blanc

Royal Coachman

Hameçon	TMC 3761 ; n° 10 à 16
Soie	Noire 6/0
Cerques	Pointes de plume de faisan
Rib	Fil doré
Corps	Herl de paon et floss rouge
Hackle	Marron foncé
Ailes	Quill de canard blanc

Leadwing Coachman

Hameçon	TMC 3761 ; n° 6 à 16
Soie	Noire 6/0
Rib	Tinsel plat doré
Corps	Herl de paon
Hackle	Marron
Ailes	Quill de canard gris

Black Gnat

Hameçon	TMC 3761 ; n° 10 à 14
Soie	Noire 6/0
Cerques	Hackle noir
Corps	Poils de lapin noirs
Hackle	Noir
Ailes	Quill de canard gris

Pheasant Tail

Hameçon	TMC 3761 ; n° 10 à 16
Soie	Olive 6/0
Rib	Fil de cuivre
Corps	Pointes de plume de faisan
Hackle	Marron Partridge

Partridge and Yellow

Hameçon	TMC 3761 ; n° 10 à 16
Soie	Jaune 6/0
Abdomen	Floss jaune
Thorax	Poils de lapin
Hackle	Marron Partridge ou plume de colvert

Tup's Indispensable

Hameçon	TMC 3761 ; n° 10 à 16
Soie	Jaune 6/0
Cerques	Hackle gris
Corps	Floss jaune
Thorax	Poils de lapin roses
Hackle	Gris

Yellow Wooly Worm

Hameçon	TMC 3761 ; n° 2 à 12
Soie	Noire 6/0
Cerques	Hackle rouge
Rib	Fil d'argent
Corps	Chenille jaune
Hackle	Grizzly

Rusty Rat

Hameçon .... TMC 7999 ; n° 2 à 10
Soie .... Rouge 6/0
Tag .... Tinsel ovale doré
Cerques .... Pointes de plume de paon
Rib .... Tinsel ovale doré
Corps .... Floss jaune et herl de paon
Ailes .... Poils de renard gris
Hackle .... Grizzly

Cosseboom

Hameçon .... TMC 7999 ; n° 2 à 10
Soie .... Rouge 6/0
Tag .... Tinsel plat argenté
Cerques .... Floss olive
Rib .... Tinsel plat argenté
Corps .... Floss olive
Ailes .... Poils d'écureuil gris
Hackle .... Jaune citron

Hairy Mary

Hameçon .... Mustad 36890 ; n° 4 à 10
Soie .... Noire 6/0
Tag .... Tinsel ovale doré
Cerques .... Plume de faisan
Rib .... Tinsel ovale doré
Corps .... Floss noir
Ailes .... Hackle bleu et poils d'écureuil

Red Abbey

Hameçon .... Mustad 36890 ; n° 4 à 10
Soie .... Noire 6/0
Tête .... Noire ou rouge
Tag .... Tinsel ovale argenté
Cerques .... Quill d'oie rouge
Rib .... Tinsel plat ou ovale argenté
Corps .... Floss rouge ou laine
Ailes .... Hackle marron et poils d'écureuil

Black Dose

Hameçon .... Mustad 36890 ; n° 4 à 10
Soie .... Noire 6/0
Tag .... Tinsel ovale argenté
Butt .... Floss jaune
Cerques .... Plume de faisan et hackle rouge
Rib .... Tinsel ovale argenté
Corps .... Floss noir
Ailes .... Pointes de plume de paon et poils d'ours noirs

Undertaker

Hameçon .... TMC 7999 ; n° 2 à 10
Soie .... Noire 6/0
Tag .... Tinsel plat doré
Butt .... Floss vert et orange fluo
Rib .... Tinsel ovale doré
Corps .... Herl de paon
Ailes .... Hackle et poils d'ours noirs

Jock Scott

Hameçon .... TMC 36890 ; n° 5/0 à 6
Soie .... Noire 6/0
Tag .... Tinsel plat argenté et floss jaune
Cerques .... Plume de faisan et hackle orange
Butt .... Herl d'autruche noir
Corps .... Floss jaune et tinsel argenté, floss noir et tinsel argenté, plume de toucan
Hackle .... Noir sur floss noir
Ailes .... Hackle noir, plumes de faisan à pointes blanches, colvert, paon, cygne et canard jaune et rouge
Flancs .... Coq de bruyère

Black Doctor

Hameçon .... TMC 36890 ; n° 5/0 à 6
Soie .... Noire 6/0
Tag .... Soie argentée et floss jaune
Cerques .... Plume de faisan
Butt .... Laine rouge
Corps .... Floss noir
Rib .... Tinsel ovale argenté
Hackle .... Foncé
Ailes .... Hackle Grizzly, plumes de faisan, paon, cygne bleu et jaune, outarde et colvert
Tête .... Laine rouge

Gordon

Hameçon .... TMC 36890 ; n° 5/0 à 6
Soie .... Noire 6/0
Tag .... Tinsel plat argenté et floss jaune
Cerques .... Plumes de faisan
Butt .... Plumes d'autruche noires
Corps .... Floss jaune puis chartreuse
Rib .... Tinsel ovale argenté
Hackle .... Hackle chartreuse en palmer sur le corps en floss
Ailes .... Hackle bleu, plumes de faisan, cygne bleu et rouge et outarde

MOUCHES À BLACK-BASS ET BROCHET

De plus en plus de pêcheurs découvrent les plaisirs de la pêche à la mouche du black-bass et du brochet.

La plupart des mouches qui leur sont destinées imitent des alevins, des grenouilles, des écrevisses, des vers de toutes sortes, voire de très gros insectes. D'autres jouent uniquement sur le réflexe d'attaque des carnassiers en utilisant des couleurs très vives.

Les éléments les plus importants dans une mouche à black-bass ou à brochet sont la taille, la couleur et la nage.

Taille. N'oubliez pas que vous allez vous attaquer à des poissons très voraces ! Ainsi, le black-bass peut attaquer des proies de 5 à 15 centimètres, alors que le brochet n'hésite pas à engouffrer des poissons du quart de sa propre taille. Des mouches de près de 25 à 30 centimètres ne lui font pas peur !

Couleur. La plupart des pêcheurs utilisent des mouches claires pour les pêches de surface (blanches ou jaunes) et foncées pour pêcher plus profondément (bleues ou violettes). Cependant, toutes les combinaisons peuvent être essayées.

Nage. Une tête en poils de daim bien taillés donne une nage saccadée et pleine de vibrations à la mouche. Des pattes ajoutent encore à cet effet de vie...

Certains modèles sont destinés à imiter un petit poisson malade et sont ramenés par de petits tremblements juste sous la surface.

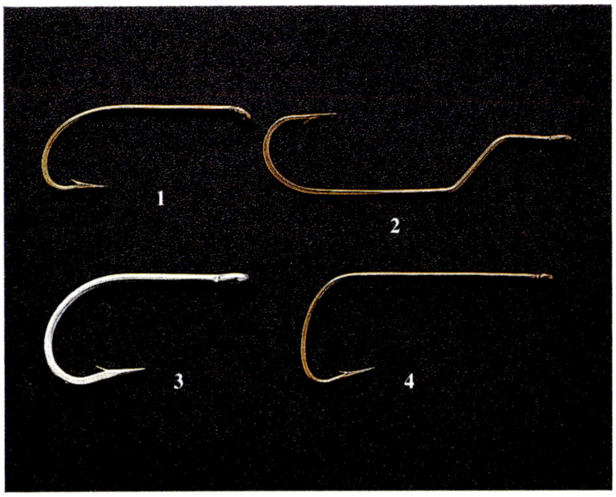

HAMEÇONS LES PLUS UTILISÉS : Mustad 3399 (1), 79666 (2) ; TMC 800S (3) ; Mustad 37187 (4).

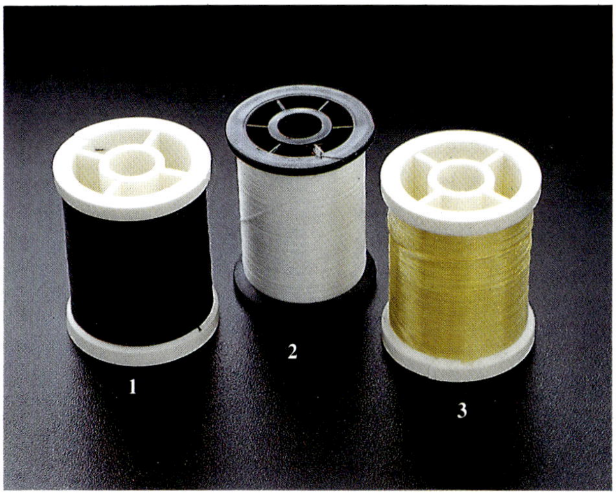

SOIES LES PLUS UTILISÉES : Danville Plus 2/0 ; Monocord 3/0 ; Superstrong Kevlar 1/0.

Ils sont généralement montés avec des plumes de marabout, des poils de lapin ou des poils synthétiques qui imitent parfaitement les mouvements de nageoires.

Certains modèles associent ces deux effets : c'est le cas de la Dahlberg Diver décrite dans les pages suivantes.

La Dahlberg Diver.

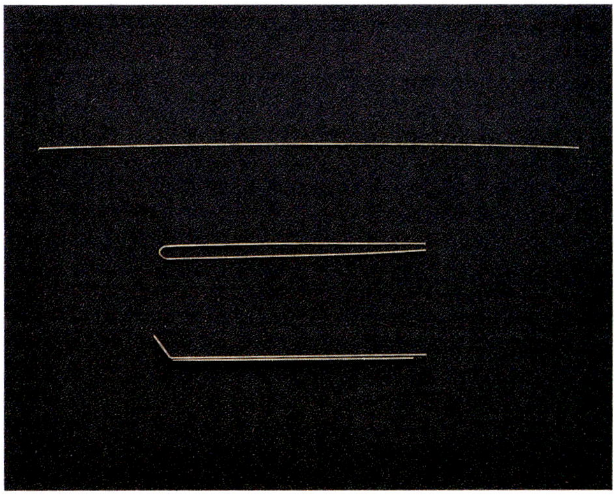

Faites une boucle avec de la corde à piano de 10 centimètres environ de longueur, puis montez-la sur l'œillet de l'hameçon afin de protéger la pointe de l'hameçon des obstacles.

PRINCIPE DE MONTAGE

Matériel

Hameçon	TMC 800S ; n° 2 à 10
Soie	Blanche 3/0
Élytre	Nylon gros diamètre
Ailes	Pointes de hackle rouges
Cerque	Poils de daim rouges
Collerette	Poils de daim rouges
Tête	Poils de daim rouges et blancs

Comment monter une Dahlberg Diver

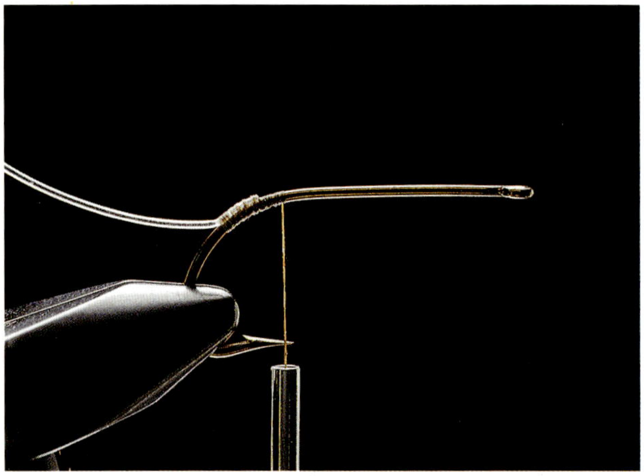

1 Commencez par enrouler la soie de montage sur la courbure puis remonter. Coupez un brin de gros Nylon d'une quinzaine de centimètres et fixez-le.

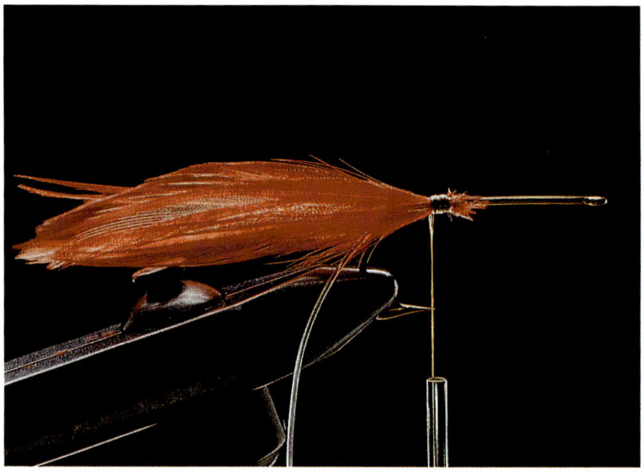

2 Prenez six hackles de queue pour réaliser les ailes. Fixez-en trois de chaque côté de la hampe.

3 Prenez une touffe de poils de daim et alignez-les.

4 Placez les poils de daim directement sur la hampe, juste devant les ailes.

5 Fixez les poils par quelques boucles peu serrées en évitant qu'ils ne glissent.

6 Fixez ensuite une seconde touffe de poils devant la première et procédez ainsi jusqu'à ce que la hampe soit recouverte. Réalisez un nœud final et couper la soie.

7 Tournez la tête de l'étau et coupez les poils à ras de la hampe en faisant bien attention à la soie.

8 Retournez l'étau dans sa position initiale et formez la tête de la mouche aux ciseaux.

9 Laissez une collerette deux fois plus haute en arrière.

10 Rattachez la soie en tête, amenez-y et fixez le Nylon. Réalisez un nœud final et consolidez à la colle rapide.

Mouches à black-bass et à brochet

Deer Hair Bug

Hameçon	TMC 800S ; n° 4 à 10
Soie	Olive 3/0
Cerques	Marabout jaune et rouge, Krystal Flash et 2 hackles Grizzly de chaque côté
Flancs	Hackle orange, Krystal Flash rouge
Pattes	Élastique orange, Krystal Flash rouge
Yeux	Plastique

Krazy Kicker Frog

Hameçon	Mustad 3366 ; n° 2 à 10
Soie	Olive 3/0
Pattes	Poils d'élan verts et noués
Corps	Poils de daim vert clair et vert foncé

Clauser Minnow

Hameçon	TMC 800S ; n° 1/0 à 6
Soie	Marron 3/0
Yeux	Hourglass peint en rouge et noir
Ailes	Poils d'élan orange et rouge, Krystal Flash cuivre

Dave's Crayfish

Hameçon	TMC 300 ; n° 1/0 à 8
Soie	Orange 3/0
Yeux	Nylon
Antennes	Poils de souris
Pinces	Hackle roux
Rib	Fil de cuivre
Hackle	Grizzly orange
Corps	Yarn Antron orange
Carapace	Swiss Straw orange avec des marques de feutre indélébile

Rabbit Clauser

Hameçon	TMC 800S ; n° 1/0 à 6
Soie	Jaune 3/0
Corps	Poils de lapin jaunes et rouges
Pattes	Élastique jaune et Krystal Flash rouge
Yeux	Billes en nickel

Nix's Sunfish

Hameçon	TMC 8089 ; n° 1/0 à 6
Soie	Blanche 3/0
Rib	Fil de cuivre
Corps	Dubbing d'Antron ou poils de lapin verts
Flancs	Hackle rouge et vert Grizzly
Tête	Dubbing de laine verte et orange
Yeux	Plastique

Dahlberg's Mega Diver

Hameçon .... TMC 800S ; n° 2/0 à 4
Soie .... Chartreuse 3/0
Ailes .... Fibres synthétiques chartreuse et Flashabou or
Tête .... Poils de daim chartreuse
Yeux .... Plastique

Whitlock's Hairwater Pup

Hameçon .... Mustad 36890 ; n° 2 à 10
Soie .... Violette 3/0
Cerques .... Poils de lapin violets
Rib .... Fil d'argent
Corps .... Poils de lapin violets
Tête .... Poils de daim et Flashabou violets
Yeux .... Plastique

Mouserat

Hameçon .... Mustad 37187 ; n° 2 à 10
Soie .... Noire 3/0
Cerques .... Lanière de cuir
Corps .... Poils de daim
Oreilles .... Cuir
Collerette .... Poils de daim foncés
Moustaches .... Poils de daim
Yeux .... Encre indélébile

Chamois Leech

Hameçon .... TMC 7999 ; n° 1/0 à 6
Soie .... Verte 6/0
Butt .... Yarn fluo orange
Rib .... Fil de cuivre
Corps .... Antron marron, peau de chamois colorée à l'encre indélébile noire et verte
Hackle .... Marron
Yeux .... Chaîne brillante

Dahlberg Rabbit Strip Diver

Hameçon	Mustad 37187 ; n° 2 à 10
Soie	Blanche 3/0
Cerques	Peau de lapin jaune
Tête	Flashabou or, poils de daim jaunes

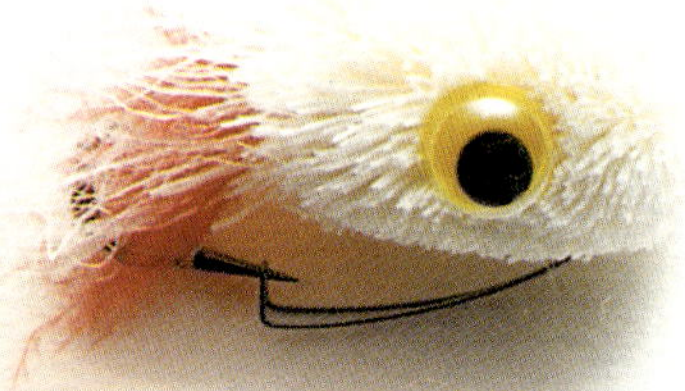

Dahlberg Skipper

Hameçon	TMC 800S ; n° 2 à 6
Soie	Blanche 3/0
Cerques	Fibres synthétiques blanches et Mylar
Flancs	Marabout rouge
Tête	Poils de daim blancs
Yeux	Plastique

Dahlberg Diving Bug

Hameçon	TMC 800S ; n° 2 à 10
Soie	Blanche 3/0
Ailes	Marabout noir
Flancs	Hackles Grizzly noirs et herl de paon
Tête	Poils de daim noirs

Murray's Strymph

Hameçon	TMC 5263 ; n° 2 à 10
Soie	Noire 3/0
Cerques	Herl d'autruche noire
Corps	Poils de lapin noirs
Hackle	Marron

Green Bomber

Hameçon	TMC 7999 ; n° 2 à 8
Soie	Noire 3/0
Cerques	Poils de veau blancs
Corps	Poils de daim verts et hackle marron
Ailes	Poils de veau blancs
Hackle	Marron

Barr's Bouface

Hameçon .... TMC 800S ; n° 1/0 à 4
Soie .... Noire 3/0
Cerques .... Peau de lapin avec Mylar et Krystal Flash
Corps .... Marabout noir et jaune

Eelworm

Hameçon .... TMC 7999 ; n° 1/0 à 6
Soie .... Rouge 3/0
Cerques .... Hackle violet Grizzly
Corps .... Laine violette
Hackle .... Violet Grizzly
Yeux .... Chaîne argent

Whitlock's Hair Worm

Hameçon .... TMC 8089 ; n° 2 à 10
Soie .... Blanche 3/0
Cerques .... Peau de lapin bleue fixée sur l'œillet
Corps .... Peau de lapin bleue fixée sur la hampe
Yeux .... Plastique

INDEX

Adapté et réalisé par Copyright pour les Éditions Solar

Rédaction :
John van Vliet

Photographies :
Cy DeCosse, Mark Macemon

Stuart Block, David H.Funk, Rebecca Hawthorne,
Rex Irmen, Williams Lindner, Paul Najlis, Charles Nields,
Tony Oswald, Mike Parker

Adaptation française : Nicolas Béroud